metabolic balance
Das Kochbuch
für Berufstätige

DR. MED. WOLF FUNFACK | SILVIA BÜRKLE

metabolic balance
Das Kochbuch für Berufstätige

Schnelle, kreative Rezepte zum Abnehmen – auch für unterwegs

Dieses Buch zeigt den Weg auf, wie man sich mit metabolic balance® im beruflichen Alltag ausgewogen und nährstoffreich ernähren kann.

Einfache Rezepte ermöglichen eine gute Außer-Haus-Verpflegung für Berufstätige.

Individuelle Bedürfnisse

Spätestens im Frühjahr, wenn die ersten Sonnenstrahlen auf der Nasenspitze kitzeln und sich die Folgen des Winters um die Hüften winden, stellt man fest, dass es doch nicht an den dicken Winterklamotten liegt, dass der Zeiger der Waage wieder mehr nach rechts gerutscht ist. Spätestens dann findet man in allen gängigen Zeitschriften die besten Diäten und Ernährungstipps, unterstützt durch zahlreiche Mittelchen, um die neu gewonnenen Kilos schnell wieder loszuwerden.

> Im Zuge einer Stoffwechselregulierung verringert sich das Körpergewicht. Übergewichtige verlieren, sozusagen als Nebeneffekt der Gesundung, ihre überflüssigen Pfunde.

Jedes Individuum is(s)t anders

Doch mittlerweile sind sich auch schon viele Ernährungsexperten einig, dass jeder Mensch eine Ernährung benötigt, die zu seiner Person passt, und eine definierte Diät oder Ernährungsform nicht unbedingt bei Millionen Menschen gleich gut greifen kann. Häufig fallen dabei Begriffe wie Stoffwechseltypen oder Verbrennungssysteme im Zusammenhang mit dem Stoffwechsel. Doch was ist »Stoffwechsel«? Als Stoffwechsel bezeichnet man den gesamten Bereich der Nahrungsaufnahme, des Nährstoffumbaus und -abbaus im Körper und die Ausscheidung von Stoffen über die Haut, die Nieren und den Darm. Die einzelnen Vorgänge sind kompliziert und von vielen Faktoren, Fermenten und Hormonen abhängig. Der menschliche Organismus besteht aus rund 200 verschiedenen Zelltypen und Billionen von Zellen. Diese unvorstellbar hohe Anzahl an Zellen bildet Haut, Haare, Muskeln, Knochen, Nerven, Blutgefäße und verschiedene Organ- und Bindegewebe. Damit unser Organismus reibungslos funktioniert und keine Störungen auftreten, müssen die Vorgänge in den Zellen koordiniert und gesteuert werden. Dies geschieht mit Hilfe des Nervensystems, des Hormonsystems und der Enzyme.

Enzyme sind an jeder Stoffwechselreaktion im menschlichen Organismus beteiligt. Ohne Enzyme können weder Vitamine noch Mineralstoffe oder Hormone ihre Aufgaben erfüllen.

Ernährung darauf abstimmen

Wenn wir unsere Gesundheit verbessern, Übergewicht und chronische Krankheiten reduzieren wollen, muss die Ernährung auf die individuellen Bedürfnisse abgestimmt sein. Es muss gewährleistet werden, dass der Organismus ausreichend und im richtigen Verhältnis zueinander mit allen Baustoffen versorgt wird, um diese Enzyme und Hormone herstellen zu können.

Gesunde Kost sollte selbstverständlich sein

Leider stellen wir heute aber immer öfter fest, dass dieser Grundgedanke einer gesunden Ernährung in unserer Gesellschaft verloren gegangen ist. Denn das liebste Essen der Deutschen heißt immer häufiger Pasta und Fast Food. Cola und Softdrinks sind unsere Hauptlieferanten an Flüssigkeit geworden, und unsere sportliche Aktivität beschränkt sich auf den Weg vom Kühlschrank zum Sofa. Da ist es nur eine Frage der Zeit, dass wir früher oder später die Quittung in Form von gesundheitlichen Problemen präsentiert bekommen. Denn bei vielen Stoffwechselstörungen sind jahrelange Ernährungsfehler, mangelnde körperliche Bewegung und daraus entstandenes Übergewicht mit seinen Folgen die ausschlaggebenden Faktoren.

> Unsere Esskultur hat sich der Industrie angepasst, ohne zu hinterfragen, ob das gut ist für den Körper. Es ist unser Anliegen, den Wert der naturbelassenen Nahrung im Bewusstsein der Menschen zu steigern.

Eigenverantwortung übernehmen

Eine gesunde Ernährung lässt sich gut in den Berufsalltag integrieren. Dieses Buch soll Ihnen dabei helfen. Lassen Sie sich helfen!

Dr. med. Wolf Funfack

Mit einfachen Regeln die Nahrung bewusst aufnehmen.
Verzehren, was einem guttut. Dadurch wird der
Stoffwechsel in ein gesundes Gleichgewicht gebracht.
Gewichtsreduktion inklusive.

metabolic balance®
Schritt für Schritt

Das Stoffwechselprogramm
im Überblick

Die Grundlagen

Ein Mensch ist gesund, wenn sein Stoffwechsel im Gleichgewicht ist. Das ist die Kernaussage von metabolic balance®, dem einzigartigen Stoffwechselprogramm, das durch Gesundung des Körpers zu einer langfristigen Gewichtsregulierung führt. Wie bei einem Auto, das die richtige Sorte Benzin und entsprechende Schmieröle und regelmäßige Wartung benötigt, um reibungslos funktionieren zu können, braucht der Mensch die richtige Nahrung, regelmäßige Bewegung und positive Gedanken, um leistungsfähig zu bleiben. Deshalb ist es so wichtig, ein Bewusstsein dafür zu entwickeln, welchen Einfluss unsere Ernähung auf unser Befinden hat.

Die Überzeugungen, auf denen das Stoffwechselprogramm metabolic balance® basiert, sind durch wissenschaftliche Erkenntnisse untermauert.

Die Natur reguliert sich selbst

Der Methode metabolic balance® liegen folgende Überzeugungen zugrunde:

1. Jeder Mensch ist in der Lage, alle Hormone und Enzyme, die für einen ausgeglichenen Stoffwechsel erforderlich sind, selbst herzustellen, wenn ihm die dazu notwendigen Baustoffe über die Ernährung zugeführt werden.

2. Jeder Mensch mit einem ausgeglichenen Stoffwechsel ist in der Lage, über seine inneren Signale (Appetit oder Abneigung) die Nahrungsmittel auszusuchen, die diese Baustoffe enthalten.

Insulin ist die Drehscheibe des Stoffwechsels

Als Schlüsselhormon im Ernährungsstoffwechsel gilt Insulin. Insulin steuert den Blutzuckerspiegel und regelt die Aufnahme von Kohlenhydraten, Eiweißen und Fetten durch die Zellen. Nach der Nahrungsaufnahme wird von der Bauchspeicheldrüse Insulin ausgeschüttet, und die Glukose und andere wichtige Nahrungsbausteine gelangen in die Zellen. Insulin als Schlüsselhormon stimuliert bzw. blockiert weitere Hormone, z. B. werden die Stresshormone Adrenalin und Cortison durch Insulin stimuliert, die wiederum den Alterungsprozess beschleunigen. Gleichzeitig hemmt das Insulin die Produktion des DHEA (Dehydroepiandrosteron) in unseren Nebennieren. Dieses Hormon wird auch gern als »Mutter aller Hormone« bezeichnet und hat u. a. eine weitreichende positive Wirkung auf unser Immunsystem.

Vitamine halten den Stoffwechsel in Schwung

Es ist auch wissenschaftlich belegt, dass die Vitamine und Mineralstoffe als Katalysatoren eine wichtige Rolle in unserem Stoffwechsel spielen, z. B. können Kohlenhydrate nur bedingt verstoffwechselt werden, wenn Vitamin B1 fehlt. Für die Synthese von Serotonin, dem Glückshormon, ist neben der essenziellen Aminosäure Tryptophan auch dringend erforderlich, dass ausreichend Vitamin B6 und Magnesium vorhanden sind. Aus Vitamin C, Vitamin B6, Niacin und Eisen kann der Organismus körpereigenes L-Carnitin produzieren, sofern die Nährstoffe ausreichend zur Verfügung stehen. L-Carnitin wird zur Fettverbrennung benötigt, d. h. es schleust die langkettigen Fettsäuren in das Zellinnere, in die Mitochondrien zur Energieverbrennung, und unterstützt so die Fettverbrennung. Es gibt noch zahlreiche Beispiele, die zeigen, wie hochkomplex der menschliche Organismus ist und wie die Prozesse, Zahnrädern gleich, ineinandergreifen. Störungen lassen sich nur bedingt auffangen.

> Vitamine sind Stoffe, die der Körper zum Leben braucht, aber nicht selbst herstellen kann. Sie kommen nicht nur in Obst und Gemüse vor, auch Fleisch enthält Vitamine, vor allem jene der B-Gruppe.

Nährstoffdefizite schaden

Der Körper ist zwar zum Teil fähig, einige Nährstoffdefizite auszugleichen, indem er auf Reserven zurückgreift oder Umbauten vornimmt, doch auf Dauer ist dieser Kraftaufwand allein nicht zu schaffen.

Die Blutanalyse als Bestandsaufnahme

Aufgrund dieser Zusammenhänge wird vor Beginn des Programms metabolic balance® eine Blutanalyse durchgeführt. Hierbei wird ermittelt, welche Nährstoffe der einzelne Teilnehmer dringend benötigt, ob ein Defizit oder ein Überfluss an bestimmten Nährstoffen vorliegt. Die Teilnehmer werden vom ersten Tag an von einem ausgebildeten metabolic-balance®-Betreuer begleitet. Neben der Blutanalyse benötigt dieser noch weitere individuelle Angaben des Teilnehmers hinsichtlich Vorerkrankungen, Nahrungsmittelunverträglichkeiten, Medikamenteneinnahme, Allergien sowie die Angabe, welches Ziel er ansteuert. Mit diesen Angaben und der Blutanalyse wird dann der individuelle Ernährungsplan erstellt, mit dem der Teilnehmer jeden Tag seinem selbst gesteckten Ziel etwas näher kommt.

> Jeder Teilnehmer des Stoffwechselprogramms erhält eine persönliche Liste mit Lebensmitteln, die gut für ihn sind. Zudem bekommt er einen Mahlzeitenplan, in dem für Phase 2 konkrete Mengenangaben für Frühstück, Mittag- und Abendessen aufgeführt sind.

Die Ernährungsumstellung

Der metabolic-balance®-Ernährungsfahrplan gliedert sich in vier Phasen, in denen der Prozess von dem Einstieg in die Ernährungsumstellung bis hin zur Lebenseinstellung schrittweise und lang anhaltend praktiziert wird.

Phase 1: Vorbereitungsphase

In dieser Phase wird der Körper mit leicht Verdaulichem schonend auf die Ernährungsumstellung vorbereitet. In der Vorbereitungsphase, die zwei Tage dauert, lässt man alle schwer verdaulichen Lebensmittel weg, wie z. B. Fleisch, Hülsenfrüchte, Süßigkeiten und dergleichen, da sie den Magen noch lange nach dem Verzehr beschäftigen und die Produktion der Magensäfte anregen könnten. Der Teilnehmer kann zwischen Obst-, Gemüse-, Reis- oder Kartoffeltag wählen. Durch diese Lebensmittel wird die Arbeit der Verdauungsorgane erleichtert. Unterstützt wird die Entlastung des Organismus zusätzlich mit einer gleichzeitigen Darmreinigung, die bewirkt, dass der Darm von »Altlasten« befreit wird und das befürchtete Hungergefühl während der nächsten Tage und Wochen ausbleibt.

Phase 2: Strenge Umstellungsphase

Die strenge Umstellungsphase beginnt gleich im Anschluss an die Vorbereitungsphase. Sie dauert mindestens 14 Tage und ist abhängig vom jeweiligen Ziel des Teilnehmers. Wer eine große Wegstrecke vor sich liegen hat, wird die strenge Phase ausdehnen, was auch jederzeit möglich ist. In dieser Phase wird man auch mit den metabolic-balance®-Grundregeln vertraut gemacht. Diese dienen als Grundlage für alle weiteren Phasen und werden, je länger man sie anwendet, ein Teil des Tagesablaufes, da man sie automatisch, ohne lange nachzu-

Während der Ernährungsumstellung erfahren die Teilnehmer, dass sich ihr Geschmacksempfinden verändert. Sie nehmen feine Nuancen war, die sie zuvor gar nicht kannten.

Frische, naturbelassene Lebensmittel sind für die Gesundheit unentbehrlich.

denken, praktiziert. So ähnlich wie beim Autofahren: Es dauert eine Weile, bis man alle Verkehrsregeln kennt, aber durch ständige Wiederholung automatisiert sich dieses Verhalten mit der Zeit. Jetzt gilt es auch, seine Ernährung nach dem individuellen Ernährungsplan zu gestalten. Dieser umfasst den Mahlzeitenplan, die persönliche Lebensmittelliste und zusätzliche Maßnahmen. Anhand des individuellen Ernährungsplanes erfährt der Teilnehmer, welche Nahrungsmittel zum jetzigen Zeitpunkt für ihn persönlich optimal sind und in welcher Menge er sie verzehren soll. Neben den Grundregeln ist für eine optimale Stoffwechselumstellung entscheidend, dass genau die Lebensmittel, die auf dem Ernährungsplan vorgegeben sind, verzehrt werden, und zwar genau in den angegebenen Mengen.

Phase 3: Gelockerte Phase

Jetzt ist ein gutes Stück des Weges zurückgelegt. Der individuelle Ernährungsfahrplan wird mit anderen Lebensmitteln, die bislang nicht auf dem Plan standen, erweitert. Lieblingsspeisen finden auch hin und wieder Platz auf dem Teller. Auswärts essen wird wieder einfacher, da ein ständiges Abwiegen nicht mehr nötig ist. Das ist die Phase, in der ausgetestet wird, wie häufig man von seinem individuellen Ernährungsplan abweichen und wie oft man die Regeln überschreiten kann, ohne gleich wieder ins »alte Fahrwasser« abzurutschen. Der Körper kann nun signalisieren, welche Lebensmittel er verträgt bzw. welche Nährstoffe wichtig für uns sind.

Phase 4: Erhaltungsphase

In den vergangenen drei Phasen hat der Teilnehmer seinen Stoffwechsel kennengelernt. Er weiß nun, welche Nahrungsmittel am besten zu ihm und seinem Stoffwechsel passen, und ob er besser stärkehaltige Nahrungsmittel (langkettige Kohlenhydrate) oder

Es gibt drei Gründe in die dritte Phase überzugehen:
1. Sie haben Ihr Zielgewicht erreicht.
2. Sie haben die angestrebte gesundheitliche Verbesserung erreicht.
3. Sie haben in Phase 2 zwanzig Kilogramm abgenommen und müssen für einen Monat Ihr Gewicht halten, um der Haut die Gelegenheit zu geben, sich an den neuen Körper zu gewöhnen. So gehen Sie der Gefahr aus dem Weg, dass durch den Gewichtsverlust unansehnliche Hautfalten entstehen.

besser eiweißhaltige Nahrungsmittel verdauen kann. Spätestens in dieser Phase wird für den einen oder anderen auch Sport wieder ein Thema sein. Bewegung kurbelt den Stoffwechsel weiter an, stärkt die Muskulatur und bringt mehr Ausgeglichenheit. In dieser Phase genießt man die neu gewonnene Lebensqualität und hält sie mit beiden Händen fest. Dabei wird man unterstützt durch die noch immer geltenden metabolic-balance®-Regeln.

Die Phase 4 gilt für den Rest des Lebens. metabolic balance® ist keine Diät, die man für ein paar Wochen durchhält, um dann nach erfolgter Gewichtsabnahme wieder in seine alten Gewohnheiten zurückzufallen, sondern ein neues System, auf das Sie Ihre zukünftigen Ess- und Lebensgewohnheiten umstellen.

Die Grundregeln von metabolic balance®

Vor allem für die strenge Umstellungsphase gilt:

▸ Essen Sie nur drei Mahlzeiten pro Tag; in der strengen Umstellungsphase (Phase 2) nicht mehr, nicht weniger, nichts anderes als in Ihrem persönlichen Lebensmittelplan vermerkt.
▸ Legen Sie fünf Stunden Pause zwischen den Mahlzeiten ein.
▸ Lassen Sie jede Mahlzeit nicht länger als 60 Minuten dauern.
▸ Beginnen Sie jede Mahlzeit mit einem bis zwei Bissen der Eiweißportion (beispielsweise Fleisch, Fisch, Käse oder Hülsenfrüchte).
▸ Nehmen Sie pro Mahlzeit nur eine Art Eiweiß auf.
▸ Essen Sie nach 21:00 Uhr möglichst nichts mehr.
▸ Trinken Sie über den Tag verteilt die für Sie errechnete Menge Wasser (Faustregel: 35 Milliliter Wasser pro Kilogramm Körpergewicht).
▸ Essen Sie das Obst (u. a. täglich einen Apfel) zum Ende einer Mahlzeit.

Nach den ersten zwei bis drei Wochen gelten diese Ergänzungen:

▸ Bewegen Sie sich jeden Tag. Laufen oder fahren Sie Fahrrad, statt das Auto zu nehmen. Steigen Sie Treppen, statt den Aufzug zu nehmen, gehen Sie regelmäßig schwimmen oder walken Sie – allein oder mit Freunden.
▸ Legen Sie bei längeren Mahlzeiten nach jeder Stunde 15 Minuten Pause ein.

Unzählige Menschen stehen vor der Heraus-
forderung, ihre Außer-Haus-Verpflegung
vitalstoff- und abwechslungsreich zu gestalten.

Ernährung für Berufstätige

Mit einfachen Tipps und Tricks den Alltag meistern

Nährstoffbedarf beachten

Morgens schnell was essen, womöglich im Stehen oder lieber doch nur rasch einen Kaffee, am liebsten noch to go in der Hand? Mittags auf die Schnelle zum Imbissstand an der Ecke, eine fettige Mahlzeit auf einem Pappteller und abends eine knusprige Pizza aus der Fertigpackung? So sieht kein guter Menüplan aus, schon gar nicht, wenn tagein, tagaus dasselbe Muster abläuft. Dem Stress alle Ehre, aber hier geht es um die Gesundheit eines jeden Einzelnen.

Die Auswirkungen von Stress

Der Atem und die Stimme verraten viel über den Gemütszustand. Tiefes Durchatmen ist wie Balsam für Körper und Seele, denn wer kurzatmig ist, der blockiert den Luftdurchzug schon im Brustbereich. Entsprechend hoch und ohne Erdung kommt die Stimme dann heraus.

Für unsere Vorfahren war Stress eine Überlebenshilfe, denn der Köper wurde blitzschnell bei Flucht oder Kampf mit der nötigen Energie versorgt. Dieser Mechanismus wird durch Stresshormone wie Adrenalin gesteuert. Adrenalin beschleunigt den Puls, erhöht den Blutdruck und lässt den Blutzuckerspiegel steigen. Gleichzeitig setzt der Körper auf Energiesparmaßnahmen, indem der Magen-Darm-Trakt die Verdauungsarbeit zurückfährt. Rote Blutkörperchen werden freigesetzt, um der erhöhten Sauerstoffaufnahme und Kohlendioxidabgabe gerecht zu werden. Dabei steigt der Verbrauch an Mineralstoffen, Vitaminen, Kohlenhydraten und Aminosäuren, die der Organismus jetzt aus seinen Reserven freisetzt.

Stress entgegenwirken

Eine ausgewogene Ernährung, die dem Körper alle Nährstoffe in ausgewogenem Verhältnis liefert, ist wichtig, um sich insgesamt vitaler zu fühlen und leistungsfähiger zu sein. Doch in unserer schnelllebigen Berufswelt machen Dauerdruck und Zeitmangel geregelte und abwechslungsreiche Mahlzeiten häufig unmöglich. Oftmals werden Mahlzeiten ausgelassen oder später schnell im Stehen, Gehen oder am Schreibtisch nachgeholt. Wer wenig bis keine Zeit hat, greift schnell zu Snacks oder Fast Food. Diese liefern zwar reichlich Kalorien, aber wenige wichtige Vitalstoffe. Stress fördert auch den Appetit auf ungesundes Essen. Unter Druck wird ein bestimmtes Gen aktiviert, das indirekt unser Verlangen nach süßem, fettem Essen steigert. Dieses Gen fördert die Produktion des Eiweißes Urocortin-3. Diesen Effekt wiesen israelische Forscher nach.

Eine gesunde Ernährung kann helfen, den Stress besser zu verarbeiten. Dazu sollte man ein paar Regeln befolgen:

▶ **Sich Zeit zum Essen nehmen** und nicht während des Arbeitens essen. Nicht schnell im Gehen oder Stehen essen, sondern sich zu einer Mahlzeit an einen ruhigen Platz setzen.

▶ **Auch wenn man viel unterwegs ist,** darauf achten, stets genug zu trinken, am besten stilles Mineralwasser oder ungesüßten Tee.

Viel zu oft vernachlässigen wir unseren Körper und fordern Leistung, ohne ihm die Ruhe und die Nahrung zu geben, die er dazu braucht. In jungen Jahren mag er dies noch wegstecken, doch im Alter kommt die Quittung.

Sich Zeit zum Entspannen zu nehmen ist wichtig für das eigene Wohlbefinden.

Gesunde Küche für Berufstätige

Um eine gesunde, ausgewogene Ernährung in den Arbeitsalltag zu integrieren, bedarf es eines klugen Zeitmanagements, der richtigen Lebensmittelauswahl und einer durchdachten Vorratshaltung. So kann auch bei wenig Zeit zu Hause, unterwegs oder am Arbeitsplatz schnell eine gesunde und schmackhafte Mahlzeit verzehrt bzw. erst zubereitet werden. Bequemer und einfacher ist sicherlich der kurze Abstecher zum Bäcker oder zur Imbissbude um die Ecke. Eine belegte Semmel oder eine Currywurst vertreibt schnell den Hunger, Kaffee und Süßigkeiten tun ihr Übriges dazu. Die Snacks erfüllen ihren Auftrag hinsichtlich Sättigungswert und gelieferter Energie, d. h. man wird erst mal schnell satt, und der Energiebedarf wird mehr als ausreichend gedeckt. Der Nachteil ist, dass diese Snacks meist reich an leeren Kohlenhydraten (Zucker) und Fetten sind und den Vitamin- und Mineralstoffbedarf nicht unbedingt decken. Auch die Qualität der vorhandenen Inhaltsstoffe wie Fett und Eiweiß entspricht nicht dem Stand einer hochwertigen Ernährung, die für Wohlbefinden und Leistungsfähigkeit des Organismus nötig wäre. Und auch die Getränke beeinflussen die Arbeitsbereitschaft. Putscht Kaffee zunächst ordentlich auf, verlangt der Körper danach umso stärker nach Nachschub an Energie.

Müdigkeit und Antriebslosigkeit vermeiden

So ist es auch nicht verwunderlich, dass viele Berufstätige ein sogenanntes »Mittagstief« durchlaufen, d. h. die Konzentrationsfähigkeit stark abnimmt, und nach einem langen Arbeitstag, gestresst und müde, abends keine Lust verspüren, sich noch lange in die Küche zu stellen und etwas Leckeres zu kochen. Ein Griff in das Tiefkühlfach reicht, und die Tiefkühlpizza wird in den Backofen geschoben. Die

Geräusche beeinflussen unsere innere Ruhe, kein Wunder, bestimmen doch Handy, MP3-player und Fernsehgerät immer mehr unser modernes Leben. Hier ist im wahrsten Sinne des Wortes Abschalten angesagt. So kann man wieder Kraft schöpfen.

moderne Vorratshaltung lässt dabei keine Wünsche offen. Mit dieser Tiefkühlpizza werden aber leider nicht nur Kohlenhydrate und Fette verzehrt, sondern auch ein ganzer Cocktail an Zusatzstoffen, angefangen von künstlichen Geschmacksverstärkern über Aromastoffe bis hin zu Analogkäse und Schinkenimitaten.

Ungesunde Transfettsäuren

Fett in Fast Food, Snacks und Süßigkeiten lässt das Bauchfett wachsen, wie Forscher an der Wake-Forest-University in North Carolina herausgefunden haben. Grund dafür sind sogenannte Transfette, die bei der industriellen Verarbeitung von Fetten entstehen, z.B. durch Hocherhitzen oder auch bei der Fetthärtung. Diese Transfette liefern ebenso viele Kalorien wie die Fette in pflanzlichen Ölen, haben aber starke negative Auswirkungen auf den Organismus, wie das Experiment an Affen bestätigte. Während dieses Experiments wurden zwei Gruppen von Affen über sechs Jahre lang gleich kalorisch ernährt, d.h. die Verteilung der Nährstoffe war identisch. Jedoch eine

Für Transfettsäuren gibt es zurzeit in Deutschland noch keine Deklarationspflicht, d.h. der Verbraucher weiß nicht, wie viele Transfettsäuren in den Fertigprodukten genau enthalten sind. Die Deutsche Gesellschaft für Ernährung (DGE) empfiehlt, dass die Transfettsäuren weniger als ein Prozent der Nahrungsenergie liefern sollten.

Tipps zum Vermeiden von Transfettsäuren

- Etiketten von Fertigprodukten lesen; Lebensmittel mit gehärteten Fetten oder zum Teil gehärteten Fetten besser im Regal liegen lassen.
- Pflanzenöle nicht zu stark erhitzen; kalt gepresste, native Öle verwenden.
- Zum Braten Fette verwenden, die hoch erhitzbar sind, wie z.B. Kokosöl und Butterschmalz; keine raffinierten Fette verwenden.
- Frittiertes, Fettgebackenes und Paniertes eher selten verzehren, ebenso Fast Food und Fertiggerichte.
- Blätterteiggebäck, Chips sowie Süßwaren mit Fettglasur meiden.
- Bevorzugt frische Lebensmittel verwenden.

Gruppe der Affen erhielt acht Prozent der in Fett aufgenommenen Kalorien in Form von Transfettsäuren. Diese Menge liefert auch eine Mahlzeit mit Cheeseburgern und Pommes frites pro Tag. Am Ende des Experimentes stellte sich heraus, dass die Gruppen der Affen, die mit den Transfettsäuren gefüttert wurden, deutlich mehr zugenommen hatten als die Vergleichsgruppe und sich dabei vor allem das Bauchfett deutlich vermehrt hat. Die verstärkte Aufnahme von Transfetten in großen Mengen führt nachweislich auch dazu, dass sich der Gehalt von LDL-Cholesterin im Blut erhöht und der Anteil des HDL-Cholesterins gesenkt wird. Dadurch kommt es vermehrt zur Ablagerung in den Arterien und zu einem erhöhten Schlaganfall- oder Herzinfarktrisiko.

Gesunde Fettsäuren

Nicht jedes Fett ist ungesund. Zahlreiche Studie belegen, dass zu einer gesunden Ernährung auch gesunde Fette gehören, wie man sie z. B. in Fischen, Nüssen, Speiseölen, Sonnenblumen- und Kürbiskernen finden kann. Diese Lebensmittel enthalten wertvolle Fettsäuren, die einen gesundheitlichen Nutzen für den Organismus darstellen. Diese Fettsäuren liefern gute Bausteine für das Gehirn, halten den Blutdruck in Schach und bewirken, dass die Zellwände ihre Flexibilität behalten. Sie sind zum Teil essenziell, d. h. lebensnotwendig, denn der Körper kann sie selbst nicht synthetisieren, sie müssen täglich mit der Nahrung aufgenommen werden. Aus ernährungsphysiologischer Sicht ist es daher empfehlenswert, wenn in der täglichen Ernährung kalt gepresste Speiseöle, wie z. B. Rapsöl, Leinöl oder auch Olivenöl einen festen Platz einnehmen. Diese Öle enthalten einfach und mehrfach ungesättigte Fettsäuren in einem optimalen Verhältnis. Lein-, Walnuss- und Rapsöl liefern zudem noch die gesundheitsfördernden Omega-3-Fettsäuren.

Hochwertige Speiseöle werden in dunklen Flaschen verkauft, um sie vor Licht zu schützen, denn dieses bewirkt auf Dauer ein Ranzigwerden des Fettes. Olivenöl gehört in den Kühlschrank, sollte es ausflocken, ist das ein Merkmal für sehr gute Qualität.

»Leere« Kohlenhydrate

Kohlenhydrate dienen dem Körper vor allem als Energielieferant. In erster Linie profitiert das Gehirn davon, wenn ausreichend Kohlenhydrate vorhanden sind. Das Gehirn gewinnt seine Energie nur aus Glukose. Daneben sind die Kohlenhydrate aber auch zusammen mit dem Fett für die Sättigung verantwortlich. Bei der Wahl der Kohlenhydrate kommt es auf die Qualität der Nahrungsmittel an. Ein wichtiger Unterschied stellt die Unterteilung zwischen komplexen und »leeren« (einfachen) Kohlenhydraten dar. Die einfachen Kohlenhydrate gehen sehr schnell ins Blut über, liefern schnell Energie und lassen den Energiespiegel ebenso schnell wieder absinken. Durch ihren Einfluss auf den Insulinstoffwechsel gelten diese Kohlenhydrate neben Fett als wichtigster Dickmacher. Zu finden sind sie in gezuckerten Lebensmitteln, Weißmehlprodukten und vor allem in den bei Kindern und Jugendlichen so beliebten Soft-Drinks.

Vitalstoffmangel stellt sich ein

Insgesamt werden heute ca. 70 Prozent der verzehrten Kohlenhydrate als »leere« Kohlenhydrate aufgenommen. Dadurch entsteht mitunter ein Vitamin- und Mineralstoffmangel, da am Kohlenhydratstoffwechsel Vitamine beteiligt sind und Zucker oder Auszugsmehle diese nicht mitliefern. Vitamin B1 (Thiamin) wird z. B. benötigt, wenn Glukose in den Zellen zu Energie verbrannt wird. Wenn nicht genügend Vitamin B1 vorhanden ist, stockt die Produktion, und unseren Zellen geht die Energie aus. Die meisten Körperzellen können vorübergehend auf andere Energiequellen zurückgreifen. Unsere Gehirnzellen allerdings benötigen unbedingt Glukose; bei Mangel können auch Konzentrationsschwächen, Müdigkeit und Schlappheit entstehen. So gilt es auch hier, eine feine Balance einzuhalten und das Bewusstsein für den Gehalt an Zucker in Lebensmitteln zu entwickeln.

Cola-Getränke belasten nicht nur den Blutzuckerspiegel, sondern können auf Dauer auch zu Knochenschäden führen, denn sie enthalten viel Phosphat. Bei einer kalziumarmen Kost muss der Körper zur Aufrechterhaltung des Phosphat-Kalzium-Gleichgewichts im Blut zur Not Kalzium aus den Knochen lösen.

Sättigende Kohlenhydrate

Im Gegensatz zu den einfachen Kohlenhydraten halten die soge-
nannten komplexen Kohlenhydrate den Blutzuckerspiegel stabil
und schützen vor Heißhungerattacken. Vollkornprodukte, Naturreis,
Gemüse, möglichst wenig verarbeitet und bissfest gegart, und Obst,
am Ende einer Mahlzeit verzehrt, sind die idealen Kohlenhydratliefe-
ranten. Durch den höheren Ballaststoffgehalt bleibt man länger satt,
die Glukosebausteine gehen nur langsam ins Blut über, und man
wird zudem auch noch nebenbei mit Vitaminen, Mineralstoffen und
sekundären Pflanzenstoffen versorgt. Durch die Ballaststoffe sind die
Kohlenhydrate perfekt in den Lebensmitteln verpackt. Der Organismus muss erst die Ballaststoffe auf die Seite »schaufeln«, ehe er die
Stärke in die kleinsten Bausteine, die Einfachzucker, aufspalten kann.

> Roggenvollkorn-
> knäckebrot lässt den
> Blutzuckerspiegel
> langsam ansteigen.
> Ideal, um mit einer
> Eiweißart, etwa Käse
> oder Geflügel, und
> etwas Rohkost eine
> sättigende Mahlzeit
> zu stellen.

Eiweißmangel trotz Überfluss

Nahrungseiweiß versorgt den Organismus mit lebensnotwendigen
Aminosäuren, die er für den Aufbau von Muskeln, Organen, Knor-
pel, Knochen, Haut, Haaren und Nägeln braucht. Daneben steuern
Eiweißverbindungen wie Hormone und Enzyme wichtige Stoffwechselvorgänge im Körper. Wie viel Eiweiß für diese Funktionen benötigt
wird, ist abhängig von Alter, Statur, Geschlecht, sportlicher Aktivität
und von speziellen Lebensumständen, z. B. Schwangerschaft, Stillzeit.

Fleisch und Fisch sind vitaminreich

Obwohl wir über die tägliche Ernährung reichlich Eiweiß zuführen,
leiden viele Menschen unter Eiweißmangel. Eine Ursache hierfür ist
meist, dass wichtige Vitalstoffe wie Vitamine fehlen, die dazu benötigt werden, um im Organismus genügend Magensaft zu bilden bzw.
ausreichend eiweißspaltende Enzyme zu produzieren. Die Folge ist:
Eiweiß wird nicht richtig verdaut und gelangt dadurch nicht in die

Blutbahn. Die wertvollen Aminosäuren kommen an ihren Zielort, den Zellen, nicht an und bleiben im Darm. Die Folge sind u.a. Verdauungsbeschwerden, Allergien und letztendlich Eiweißmangel. Eiweißmangel schwächt das Immunsystem und baut vorhandene Muskelmasse ab. Ein Vitamin-B6-Mangel kann dafür mitverantwortlich gemacht werden, denn Vitamin B6 (Pyridoxin) wird u.a. zur Verwertung der Aminosäuren benötigt. Bei körperlichem und seelischem Dauerstress schütten unsere Nebennierenrinden Stresshormone aus, die massiv den Eiweißstoffwechsel ankurbeln und dabei viel Vitamin B6 verbrauchen. Wenn Pyridoxin fehlt, weil die Ernährung vorwiegend aus Fast Food, Fertiggerichten und Süßem besteht, werden nicht alle Aminosäuren verwertet und vom Körper wieder ausgeschieden. Speziell gilt dies für Aminosäuren wie Tryptophan, Methionin und Glycin, die im Hirn-, Nerven- und Hormonstoffwechsel wichtige Aufgaben übernehmen.

Die Deutsche Gesellschaft für Ernährung (DGE) empfiehlt eine durchschnittliche Aufnahmemenge an Eiweiß für die Frau von 0,8 g/ kg Körpergewicht und 1,0 g/ kg Körpergewicht für den Mann. Diese Regel gilt es auch in den Arbeitsalltag zu integrieren, um den beruflichen Anforderungen gewachsen sein zu können.

Fische, Meeresfrüchte, Geflügel und Fleisch sind tierische Eiweißlieferanten.

Einkauf, Lagerung und Zubereitung bestimmen letztendlich darüber, was wir tagtäglich in den Mund nehmen. Da gilt es, sich über Vieles Gedanken zu machen.

Gesunde Ernährung richtig organisieren

Die Nahrungsaufnahme nicht dem Zufall überlassen

Augen auf beim Einkauf

Das Einkaufen wird uns heute nicht leicht gemacht. Das Angebot an Nahrungsmitteln und Getränken in Deutschland wächst von Tag zu Tag. In diesem Dschungel des Lebensmittelangebots gilt es sich zurechtzufinden und die Nahrungsmittel auszuwählen, die für eine gesunde, abwechslungsreiche Ernährung geeignet sind. Häufig stehen wir vor den Regalen und haben die Qual der Wahl, welches der angebotenen Nahrungsmittel das Richtige ist bzw. welches zu den gesunden empfehlenswerten Lebensmitteln zählt.

Zusatzstoffe und Weichmacher meiden

Planen Sie Mahlzeiten im Voraus und schreiben Sie sich einen Einkaufszettel. Gehen Sie nie hungrig zum Einkaufen, damit keine ungeplanten Lebensmittel im Einkaufskorb landen.

Die einfachste Art des Einkaufes ist, wenn man Wert auf natürliche, wenig be- und verarbeitete Lebensmittel legt. Convenience-Produkte, also jene Produkte, die das Kochen erleichtern, da sie zum Teil schon vorgegart, vorfrittiert oder dergleichen sind, enthalten häufig viele Zusatzstoffe. Daher empfiehlt es sich prinzipiell die Zutatenliste zu lesen. Häufen sich die E-Nummern bzw. befinden sich unaussprechliche Namen auf der Verpackung, die im normalen Sprachgebrauch eher nicht verwendet werden, sollte man die Packung getrost in das Regal zurücklegen. Diese Zusatzstoffe, meist chemischen Ursprungs, werden den Nahrungsmitteln zugesetzt, um den Produkten bestimmte Eigenschaften, sei es in Form, Farbe, Geschmack oder Aroma, zu geben, aber auch, um sie länger haltbar zu machen. Aber nicht nur die Zusatzstoffe in den Lebensmitteln sind auf die Dauer für unseren Organismus ungesund, sondern auch viele Verpackungen. Insbesondere Lebensmittel wie Tiefkühlpizza, eingeschweißte Wurstwaren und Milchprodukte wie Käse und Joghurt werden oft in Plastikverpackungen angeboten, welche häufig Weichmacher enthalten, die auf die Lebensmittel übergehen können. Diese

Weichmacher stehen u. a. im Verdacht, in den Hormonhaushalt ein-
zugreifen, und sollen die Fettzellen zum Wachsen anregen. Häufig
kaufen wir auch Nahrungsmittel, die wir gar nicht benötigen, die
aber durch Rundfunk- und Fernsehwerbung bekannt sind und uns
schmackhaft gemacht werden.

Woran erkennt man frische Ware?

Genaues Hinschauen lohnt sich, denn nicht immer wird alles frisch
geliefert bzw. bleibt es noch tageweise in der offenen Auslage liegen.
Der Weg bis nach Hause und die tagelange Lagerung tun ihr Übriges.
Da gilt es, ein Gespür schon beim Einkauf zu entwickeln.

Obst und Gemüse

Obst und Gemüse von guter Qualität sind intensiv in der Farbe und
weisen einen aromatischen Duft auf. Saisonprodukte werden zum
natürlichen Reifezeitpunkt geerntet, wodurch der Vitamingehalt sehr
hoch ist. Zudem fallen lange Transportwege weg. Frisches Gemüse,
wie z. B. Spargel oder Pilze, zeigt beim Anschneiden feuchte Schnitt-
stellen. Sieht der Anschnitt etwas bräunlich und trocken aus, ist das
Gemüse bereits einige Tage alt, und wichtige Inhaltsstoffe sind verloren gegangen.

Frischefaktoren

Frische Ware ist prinzipiell prall und knackig. Blätter und Stiele sind
nicht verwelkt. Darüber hinaus kann man Folgendes beachten:
▸ Ananas muss am Fruchtboden sehr süß riechen. Wenn sich die
Blätter leicht lösen lassen, ist es Zeit, sie zu genießen.
▸ Kiwis sind frisch, wenn sie sich elastisch anfühlen, d. h. auf Finger-
druck nachgeben, aber keine Delle entsteht.

Blumenkohl sollte
weiß und mit zarter
Gelbfärbung sein,
dann ist er frisch.
Dunkle Flecken und
welke Blätter sind
ein Zeichen, dass der
Blumenkohl schon
lange unterwegs ist.

▸ Mangos sollten keine dunkel verfärbten Stellen aufweisen, leicht gelblich rot sein und fruchtig riechen, so sind sie ein wahrer Genuss.

▸ Frische Melonen erkennt man am Klang. Klopft man auf die Melone und sie hört sich hohl an, darf man gerne zugreifen.

▸ Auberginen sind dann frisch, wenn sie beim leichten Andrücken nachgeben und sogar eine Delle zurückbleibt.

▸ Kohlrabi sollte man nur bis zu einem Durchmesser von 9 Zentimetern kaufen, größere sind meist schon verholzt.

▸ Möhren dürfen nicht biegsam sein, sonst haben sie durch zu lange Lagerung bereits Feuchtigkeit verloren.

▸ Paprikaschoten sollen einen frisch angeschnittenen, möglichst langen Stängel haben.

▸ Porree ist am frischesten, wenn das grüne Ende noch sehr lang ist, und er keine zwiebelförmige Verdickung am Wurzelende aufweist.

Reifegrad

Entscheidend für den Genuss ist auch der Reifegrad der Ware. Manche Gemüse- bzw. Obstarten sind wirklich nur im reifen Zustand ein Genuss, wie etwa Avocados, Mangos und Papayas. Reife Avocados oder Mangos erkennt man daran, dass sie auf Fingerdruck nachgeben. Man kann sie dennoch noch nicht ausgereift kaufen, denn sie reifen, gut eingepackt in Zeitungspapier, in ein bis zwei Tagen nach. Aber es gibt auch Obst- und Gemüsearten die man nur im reifen Zustand kaufen sollte, da sie nicht nachreifen.

▸ Nachreifendes Obst: Äpfel, Aprikosen, Avocados, Bananen, Birnen, Feigen, Heidelbeeren, Kiwis, Mangos, Nektarinen, Pfirsiche, Papayas, Passionsfrüchte, Pflaumen, Wassermelonen, Zuckermelonen.

▸ Nicht nachreifendes Obst: Ananas, Brombeeren, Clementinen, Erdbeeren, Granatäpfel, Grapefruits, Himbeeren, Kirschen, Limetten, Limonen, Litschis, Mandarinen, Orangen, Trauben, Zitronen.

Das farblose (Reife-) Gas Ethylen wird von einigen Früchten bei der Lagerung abgegeben, z.B. von Äpfeln. Diese sollten deshalb nicht zusammen mit ethylenempfindlichen Obst- und Gemüsearten wie Kiwi oder Gurken gelagert werden, da diese sonst rasch welken oder vergilben. Allerdings kann das Ethylengas auch den Reifungsprozess von ethylenempfindlichen Arten beschleunigen. So reifen unreife Tomaten nach, wenn man sie mit einen Apfel in einen Beutel gibt.

Fleisch und Geflügel

Entscheidende Kriterien für frische, einwandfreie Ware sind Farbe, Geruch und Konsistenz. Man kann sie naturgemäß an unverarbeiteten Stücken besser sehen als an Fleisch, das bereits in Marinade eingelegt ist. Der Geruch von frischem Fleisch ist immer neutral und fleischtypisch. Ist beim Drucktest das Fleisch nicht elastisch, sondern weich und schwammig, ist dies ein deutliches Zeichen dafür, dass das Fleisch nicht mehr verzehrt werden sollte. Frischemerkmale sind:

► Frisches Schweinefleisch ist immer hellrosa und zartfaserig. Filets sollten ganz leicht marmoriert sein.

► Frisches Rindfleisch ist mittelrot, etwas grobfaserig.

► Kalbfleisch ist eher rosa und feinfaserig.

► Geflügel sollte keine blutunterlaufenen Stellen aufweisen, diese sind ein Hinweis auf schlechte Qualität. Das optimale Aussehen ist rosa, leicht glänzend, aber nicht glitschig.

► Lammfleisch ist tief dunkelrot und feinfaserig. Aus heimischer Erzeugung stammen höchstens sechs Monate alte Lämmer.

> Bei abgepacktem Fleisch ist es wichtig, dass es nicht im eigenen Saft schwimmt. Frisches Fleisch verliert kaum Wasser.

Fisch

Bei ganzem Fisch ist der Frischezustand leicht zu erkennen:

► Frischer Fisch riecht nach Meer und nicht nach Fisch.

► Die Augen sind prall und klar.

► Die Kiemen sind fest und hellrosa.

► Die Haut hat eine kräftige, glänzende Farbe und ist nicht zu trocken, sondern mit einem durchsichtigen Schleim bedeckt.

Bei filetiertem Fisch ist die Frische schwerer zu beurteilen. Riecht es im Laden intensiv nach Fisch, sollte man gleich umkehren. Fisch muss auf Eis angeboten werden. Da mehrfach ungesättigte Fettsäuren schnell oxydieren, sind fettreiche Fischarten leichter verderblich. Fisch sollte immer gut durchgegart werden.

Tiefkühlware

Wer tiefgekühlte Ware einkauft, sollte auf Folgendes achten:

▶ Kühl- und Tiefkühlprodukte möglichst immer von weit hinten oder unten herausnehmen und die Klappe des Kühlgerätes wieder schnell und vollständig verschließen.

▶ Den »Schütteltest« bei grobstückiger Ware, z. B. Obst (Himbeeren, Erdbeeren) und geschnittenem Gemüse, machen: Sie darf nicht zusammenkleben. Hartgefrorene Klumpen sind ein Hinweis darauf, dass die Ware schon einmal auf- oder angetaut war.

▶ Schneekristalle innerhalb der Packung beachten. Dies kann ein Hinweis darauf sein, dass das Produkt zu langsam eingefroren oder nicht durchgehend gekühlt wurde.

Tiefkühlprodukte sollten Sie immer zuletzt einkaufen, in einer Kühltasche nach Hause bringen und dann schnell ins Eisfach packen. Achten Sie auch bei Tiefkühlprodukten auf das Mindesthaltbarkeitsdatum, tiefgefrorene Produkte sollten noch einige Monate haltbar sein.

Einkaufen leicht gemacht

Bei einer gut durchdachten Vorratshaltung kann das Einkaufen auf ein bis zwei Mal pro Woche reduziert werden, da nur ganz frische Lebensmittel kurz vor dem Verzehr eingekauft werden müssen, z.B. Fleisch, Fisch, Obst und Gemüse.

Gemüsekisten

In manchen Regionen gibt es sogenannte »Gemüsekisten«, die man nach seinen individuellen Wünschen mit verschiedenen Gemüse- und Obstarten, oftmals sogar in Bio-Qualität, zusammenstellen und per Telefon, Fax oder Internet bestellen kann. Die Kisten werden einem direkt vor die Haustür geliefert oder, wenn man nicht zu Hause ist, an einer zuvor vereinbarten Stelle deponiert. So ist gewährleistet, dass immer ein frischer Gemüse- und Obstvorrat vorhanden ist. Das Abklappern von Läden und Märkten erübrigt sich, denn man kann ganz bequem von zu Hause aus bestellen. Zudem findet man dort auch ausgefallene Gemüsearten, wie z. B. Pastinaken. Sollte die Mango oder die Avocado mal noch nicht ganz weich sein, wird sie einfach 1 bis 2 Tage dick in Zeitungspapier eingewickelt, damit sie noch nachreifen kann.

Im Internet bestellen

Heute, im Zeitalter des Computers, wird es immer beliebter, via Internet Lebensmittel zu bestellen. Der Internet-Versandhandel für Lebensmittel, vor allem für Trockenprodukte, bietet eine praktische Möglichkeit, gute Qualität schnell, zeitsparend und zu jeder Tageszeit einzukaufen, da es keine Ladenschlusszeiten gibt.

Lieferservice für Tiefkühlware

Auch der Heimlieferservice für Tiefkühlprodukte, speziell für Obst, Gemüse und Fisch, wird immer beliebter. Die Lieferung erfolgt direkt nach Hause vom Tiefkühlauto in den Gefrierschrank. Die Kühlkette wird nicht unterbrochen, wodurch die Lebensmittel nicht antauen und dem Vitaminverlust vorgebeugt wird. Bereits gewaschenes und klein geschnittenes tiefgekühltes Gemüse spart dann beim Kochen Zeit, z. B. Bohnen, Möhren oder portionierter Spinat.

Sich täglich außer Haus schnell, gesund und abwechslungsreich zu ernähren, ist auch mit einem kleinen Budget möglich – wenn man gut plant.

Die Vorratshaltung

Für eine Außer-Haus-Verpflegung ist eine gute Planung und Bevorratung von Lebensmitteln unumgänglich. Abwechslung und Ausgewogenheit, gepaart mit kulinarischem Genuss, muss und sollte oberste Priorität haben. Daher ist es sinnvoll, einige Grundzutaten im Kühlschrank, in der Tiefkühltruhe und in der Speisekammer zu haben, die dann durch entsprechend frische Produkte erweitert werden können.

Checkliste für die Vorratshaltung

Würzmittel

Gewürze: Chilipulver, Currypulver, frischer Ingwer, Koriandersamen, Kümmel, Kurkuma, Muskatnuss, Paprikapulver, Pfeffer, Zimt

Kräuter, getrocknete: Estragon, Majoran, Oregano, Rosmarin, Thymian

Salz: Himalaya-Salz, Meersalz, Tiefensalz, Ursalz

gekörnte Gemüsebrühe (Instant) ohne Zusätze (Glas)

Öl und Fett: kalt gepresste Pflanzenöle wie Olivenöl extra vergine und Rapsöl für Salate, Kokosöl zum Braten

Essig: Aceto Balsamico, Bio-Apfelessig

Nährmittel

Roggenvollkornknäckebrot

Roggenvollkornnudeln

Sojanudeln

Kichererbsenmehl

Sojabohnenmehl

Haferflocken

Wildreis

Getrocknete Hülsenfrüchte

Bohnen: Lima-, Mungo-, Schwarzaugen-, Soja-, Kidney-, Wachtel-, weiße und braune Bohnen

Kichererbsen

Linsen: rote, gelbe, grüne

Nüsse, Samen, Kerne

Mandeln, Sonnenblumen- und Kürbiskerne

Lagerfähiges Gemüse

Kartoffeln

Kohlsorten

Möhren

Pastinaken

Speisezwiebeln

Steckrüben

Lagerfähiges Obst

Äpfel

Birnen

Kiwis

Zitrusfrüchte: Grapefruits, Orangen, Zitronen

Vorräte aus Glas, Dose & Co.

Gurken, Oliven, Sauerkraut

Hülsenfrüchte: weiße Bohnen, Kidneybohnen

Tofu: natur und geräuchert

Tiefkühlware

Kräuter: Basilikum, Dill, Kerbel, Petersilie, Schnittlauch, Kräutermischungen ohne Zusätze

Gemüse: ohne Sauce, in Portionen tiefgekühlt

Obst: Beerenobst

Brot: Roggenvollkornbrot, in Einzelscheiben

Fisch: Filets, ohne Panade

Fleisch: Zuschnitte, portionsweise

selbst vorgekochte Speisen, portionsweise

Vorräte im Kühlschrank

Milchprodukte: Naturjoghurt, Quark, Milch, Käse

Gemüse (im Gemüsefach)

Eier

Zum Trinken

Tee: grüner, schwarzer und weißer Tee, Roibuschtee

Mineralwasser

Die Lagerung

Obst und Gemüse sollten in der täglichen Ernährung einen festen Raum einnehmen, da sie reichlich Vitamine, Mineralstoffe, Ballaststoffe und sekundäre Pflanzenstoffe enthalten. Durch lange oder falsche Lagerung können die Nährstoffe jedoch weitgehend zerstört werden. Die schlimmsten Feinde der Vitamine sind Licht, Sauerstoff, Hitze und Feuchtigkeit. Auf Vorrat eingekauftes frisches Obst und Gemüse sollte deshalb möglichst kühl und dunkel entweder im Obst- und Gemüsefach des Kühlschranks aufbewahrt werden oder aber, wenn möglich, in kühlen Kellerräumen.

Richtig lagern

▶ Gemüse und Blattsalate bleiben schön frisch, wenn man sie in feuchtes Zeitungspapier oder in ein angefeuchtetes Geschirrtuch wickelt und im Gemüsefach des Kühlschranks lagert.

▶ Möhren und Radieschen sollte man ohne Blattgrün bzw. Blätter am besten in einem Folienbeutel im Kühlschrank aufbewahren, denn das Blattgrün und die Blätter entziehen dem Gemüse Feuchtigkeit und lassen es schneller welken.

▶ Petersilie und andere frische Kräuter kann man bis zu zehn Tagen frisch halten, indem man sie mit Wasser besprüht und in einem aufgeblasenen Plastikbeutel im Kühlschrank aufbewahrt. Man kann frische Kräuter auch in einem großen Glas mit Schraubdeckel aufbewahren, in das man ein feuchtes sauberes Taschentuch legt und dessen Deckel man mit Luftlöchern versieht.

▶ Nüsse, Mandeln oder auch Sonnenblumen- und Kürbiskerne werden schnell ranzig, und man fängt sich damit leicht die Dörrobstmotte ein. Deshalb empfiehlt es sich, diese Nahrungsmittel im Gemüsefach des Kühlschranks aufzubewahren.

Für den Kühlschrank gilt generell: Nicht zu voll packen, die Luft muss zirkulieren können. Die kälteste Zone im Kühlschrank ist über dem Gemüsefach des Kühlschranks. Dort sollten Fleisch, Fisch und zubereitete Speisen gelagert werden.

Lagertemperaturen für Obst und Gemüse

Nicht alle Obst- und Gemüsearten sind für den Kühlschrank geeignet. Einige sind besser im Keller oder in einem kühlen Vorratsraum aufgehoben.

▸ Lagerung unter 8 °C: Aprikosen, Beerenobst, Kirschen, Pfirsiche, Blattsalate, Blumenkohl, Chicorée, Feldsalat, Möhren, Rucola, Spargel.

▸ Lagerung zwischen 8 °C und 16 °C (Keller, Vorratsraum): Äpfel, Birnen, Trauben, Auberginen, grüne Bohnen, Brokkoli, Kartoffeln, Kohlrabi, Mangold, Paprikaschoten, Pilze, Porree, Radieschen, Rosenkohl, Schalotten, Sellerie, Spinat.

▸ Lagerung über 16 °C (kälteempfindliche Arten): Ananas, Bananen, Melonen, Zitronen, Gurken, Tomaten, Zucchini, Zwetschgen.

Hackfleisch nur zur Not einfrieren und wenn, dann nur ganz frisch. Dabei am besten etwas platt drücken, damit der Gefriervorgang schnell vollzogen ist.

Das Einfrieren

Einfrieren ist eine der besten Möglichkeiten, Lebensmittel über einen längeren Zeitraum haltbar zu machen. Richtig gemacht, bleiben Geschmack, Vitamine und Nährstoffe nahezu erhalten. Durch die tiefen Temperaturen werden Stoffwechselvorgänge in den Lebensmitteln und somit auch das Wachstum von Mikroorganismen gestoppt.

Nützliche Tipps zum Einfrieren

Der Frischezustand eines Lebensmittels ist abhängig vom Zeitpunkt des Einfrierens. Man sollte nur einwandfreie, ausgereifte Ware einfrieren, um beim Auftauen keine Probleme mit Fäulnis oder Verderb zu haben.

▸ Beerenobst verlesen, auf einem Blech verteilen und kurz einfrieren, damit es später nicht zusammenklebt. Die gefrorenen Beeren dann in Tüten oder Tiefkühlbehältern zusammenführen.

- Brot in Scheiben schneiden, zwischen die einzelnen Scheiben Pergamentpapier legen, einpacken und einfrieren.
- Eier nur roh ohne Schale einfrieren. Sie sollten entweder getrennt nach Eiweiß und Eigelb eingefroren werden oder verquirlt.
- Frische Kräuter waschen, klein hacken und mit wenig Wasser in Eiswürfelbehälter portionsweise einfrieren.
- Gemüse putzen, waschen, in mundgerechte Stücke schneiden, blanchieren und dann ganz rasch, am besten mit Eiswasser, herunterkühlen, damit die Vitamine erhalten bleiben. Sofort einfrieren.
- Käse ist empfindlich. Weich- und Frischkäsesorten besser nicht einfrieren, da sie aufgrund ihres hohen Wassergehalts leicht »matschig« werden. Hartkäse kann am Stück oder gerieben eingefroren werden.
- Rohes Fleisch vor dem Einfrieren mit einem Küchenkrepp abtupfen. Am besten portionsweise einfrieren. Zwischen die einzelnen Scheiben kann man auch eine Folie legen, so dass die Fleischstücke nicht zusammenkleben und man sie auch portionsweise entnehmen kann.
- Roher Fisch sollte spätestens 24 Stunden nach dem Kauf eingefroren sein. Frischen Fisch ausnehmen, säubern und kurz anfrieren lassen, dann vor dem endgültigen Gefriervorgang kurz in Salzwasser tauchen. Dadurch erhält der Fisch eine schützende Eisschicht.
- Grundsätzlich kann man auch alle selbst gekochten Speisen oder Essensreste bedenkenlos einfrieren. Vorgekochte Speisen sollte man schnell herunterkühlen, in luftdichte Behälter abfüllen, gut verschließen und zügig einfrieren, da sich sonst schnell Bakterien vermehren. Es gibt aber einige gekochte Lebensmittel, die sich nicht so gut zum Einfrieren eignen, z. B. Salzkartoffeln, Aufläufe, Saucen (vor allem mit Sahne zubereitete, denn die Sahne kann unansehnlich ausflocken).
- Das gehört nicht in die Gefriertruhe: Blattsalate, Gurken, rohe Kartoffeln, Knoblauch, Nudeln, Paprikaschoten, Rettich, ganze Tomaten, Zucchini und Zwiebeln.

Vorsicht bei Gefrierbrand! Er ist durch graue Flecken an den Rändern des Produkts zu erkennen. Gefrierbrand entsteht, wenn zu viel Sauerstoff eingefroren wird oder Teile des Lebensmittels durch eine undichte Verpackung mit der kalten Frischluft in Berührung kommen.

Tagsüber gesund essen

Mit Frühstück, Mittagessen und Abendbrot soll der Körper mit all dem versorgt werden, was er benötigt, um leistungsstark und gesund zu sein. Das Frühstück ist in der Regel unkritisch, da Berufstätige dies meist noch zu Hause einnehmen. Doch für das Mittagessen sollten sie ein Gespür dafür entwickeln, wie man sich außer Haus möglichst ausgewogen ernährt. Dies betrifft auch das Abendessen.

Sich selbst versorgen

Für viele Berufstätige in kleineren und mittleren Betrieben oder auch im Außendienst gibt es keine Kantine. In diesem Fall ist es sinnvoll, etwas von zu Hause mitzubringen. Das hat auch den Vorteil, dass man selbst bestimmen kann, was auf den Teller kommt.

Speisen transportieren

▶ Pausenbrote je nach Belag gut verpacken und eventuell kühlen. Tomaten und Gurkenscheiben erst kurz vor dem Verzehr auf das Brot legen. Dabei helfen Frischhaltedosen, die unterteilt sind und eine ungewollte Vermischung der einzelnen Zutaten bzw. ein Durchweichen verhindern.

▶ Müsli, Obst und Joghurt oder Quark in getrennten Boxen transportieren und erst kurz vor dem Verzehr mischen.

▶ Salat und Salatdressing in getrennten Behältnissen mitnehmen und unmittelbar vor dem Verzehr mischen. Für das Salatdressing eignen sich kleine Schraubgläschen, da sie gut schließen.

▶ Heiße Suppe morgens in eine Thermoskanne füllen. Die Einlage, z.B. Fleisch oder Fisch, gebraten und klein geschnitten, Käsewürfel oder Pilze, in einer separaten Brotzeitbox mitnehmen.

Zum Mitnehmen eignen sich Sticks aus Kohlrabi, Möhren, Gurken, Paprikaschoten sowie Chicoréeblätter mit einem Dip. Rohkost wie Salatblätter, Radieschen, Gurken und Sprossen, ergänzt belegte Brötchen. Salate kann man mit gebratenen Fleischstreifen, Käse oder Eiern aufpeppen.

Speisen aufwärmen

In etlichen Betrieben können die Beschäftigten auch einen Herd benutzen, oder es besteht die Möglichkeit, einen Tischdampfgarer aufzustellen. Dann können auch gut Reste vom Vortag erwärmt werden. Es gibt auch immer mehr Raststätten, die bereit sind, mitgebrachte Speisen aufzuwärmen. Dies ist für Berufstätige, die sehr viel mit dem Auto unterwegs sind, eine willkommene Alternative, eine vollwertige, günstige Mahlzeit zu sich zu nehmen. An der Salattheke können sie dann noch zusätzlich als Vitaminspritze einen Salat oder frisches Obst mitnehmen.

Wer vielleicht noch eine alte Kaffeemaschine im Büro stehen hat, kann auch diese als mobile Herdplatte verwenden und kleinere Mengen in einem Töpfchen auf der heißen Platte warm machen.

In der Kantine

Ein Mittagessen in der Betriebskantine ist praktisch und in der Regel preiswert. Zusätzlich kann man sich in einigen Betriebskantinen auch noch gesund ernähren, wenn man das Essen bewusst auswählt und mit etwas kombiniert, das man von zu Hause mitgebracht hat.

An der Kantinentheke richtig auswählen

Augen auf in der Kantine! Es lohnt sich, das Angebot zu prüfen.

▶ Eine klare Suppe statt einer gebundenen Suppe bevorzugen.

▶ Fleisch, Fisch oder Käse nur zwei- bis dreimal pro Woche wählen.

▶ Den Hauptgang mit Salat oder Gemüse kombinieren.

▶ Bei Salatdressings die Essig-Öl-Variante bevorzugen oder ein eigenes Salatdressing mitbringen.

▶ Auf die Zubereitungsart achten, z. B. Paniertes meiden oder die Panade nicht mitverzehren. Auf frittierte Speisen verzichten!

▶ Als Nachspeise erfüllt ein Stück Obst seinen Zweck.

▶ Am Getränkeautomat Mineralwasser wählen oder eine eigene Wasserflasche mitnehmen.

An der Imbissbude

An Imbissbuden lauern die wahren Fettfallen. Currywurst, Pommes, Hamburger und Co. locken viele Beschäftigte. Mittlerweile ist das Fast-Food-Sortiment jedoch erweitert worden. Es gibt immer mehr Schnellrestaurants, die auch Salate und Obstsäfte im Angebot haben.

Fast-Food-Gerichte etwas aufpeppen

▶ Hamburger oder Gyros ohne Weißbrot verzehren oder gegen ein mitgebrachtes Vollkornbrötchen tauschen.

▶ Anstelle der Pommes frites lieber einen Krautsalat wählen.

▶ Beim Chinaimbiss Gemüsegerichte aus dem Wok aussuchen.

▶ Mineralwasser oder Saftschorlen den Colagetränken und zuckerhaltigen Soft-Drinks vorziehen.

▶ Nach der Mahlzeit ein Stück Obst verzehren. Obst passt in jede Handtasche, und es ist kein großer Aufwand, es am Morgen in die Tasche zu stecken.

Egal wo man mittags isst, wichtig ist, neben dem gesunden Essen das Trinken nicht zu vergessen. Es ist sinnvoll, reichlich Wasser zu trinken. Deponieren Sie einen Kasten Mineralwasser an Ihrem Arbeitsplatz oder, wenn Sie viel unterwegs sind, im Auto.

Abends wieder zu Hause

Abends haben viele keine Lust mehr, sich noch lange in die Küche zu stellen. Doch es gibt Tricks, um schnell etwas Gesundes zuzubereiten.

▶ Geschnittenes Tiefkühlgemüse ist fix zubereitet und genauso schnell serviert wie ein Fertiggericht. Wenn man gleichzeitig mit dem Gemüse einen tiefgekühlten Fisch dünstet, z. B. im Dampfgarer, hat man innerhalb einer Viertelstunde eine schmackhafte, gesunde und fettarme Mahlzeit zubereitet. Der Pizza-Service dauert unter Umständen länger, und die Pizza ist nicht so bekömmlich!

▶ Aus frischem oder tiefgefrorenem Gemüse kann schnell eine Suppe oder ein Eintopf zubereitet werden, der auch noch am nächsten Tag schmeckt. Eine Instant-Gemüsebrühe dient als Grundlage, das zerkleinerte Gemüse dazugeben und aufkochen lassen. Wer gern cremige Suppen bevorzugt, kann die Gemüsemischung pürieren. Um das Ganze dann noch etwas gehaltvoller zu machen, gibt man z. B. gewürfelte Putenbrust, Garnelen oder gewürfeltes Fischfilet dazu. Diese Beilagen haben kurze Garzeiten und erhöhen die Sättigung.

▸ Mit einem Multizerkleinerer oder einem Handmixer Gemüse zerkleinern. Kombiniert mit einer leckeren Sauce oder kurz gedünstet, ergibt sich daraus eine feine Mahlzeit. Körnermischung sollte man immer auf Vorrat geröstet in einer Frischhaltedose griffbereit haben. Damit kann man schnell Salate verfeinern oder sie nur so knabbern.

Die Zubereitung der Speisen

Es gibt Möglichkeiten, den täglichen Zeitaufwand für eine gesunde Kostzusammenstellung zu minimieren. Dies fängt mit einer guten Planung für die kommenden Tage an.

Ein Wasserkocher leistet gute Dienste für alle, die über keinen Induktionsherd verfügen. So kann das Wasser zum Blanchieren schneller erhitzt und nach Bedarf in den Topf auf dem Herd gegeben werden.

Im Voraus kochen

Es bietet sich an, mehrere Portionen zuzubereiten, im Kühlschrank einige Tage aufzubewahren oder einzeln einzufrieren.

▸ Gut geeignet zum Vorkochen sind vor allem Suppen, Eintöpfe, Braten, Brotaufstriche und Hülsenfruchtgerichte.

▸ Auch von Blattsalaten oder Rohkost kann eine größere Menge vorbereitet und, in ein feuchtes Küchentuch eingeschlagen, im Kühlschrank 1 bis 2 Tage aufbewahrt werden. Salatsaucen sind, in ein Schraubglas gefüllt, im Kühlschrank ebenfalls 3 bis 4 Tage leicht haltbar.

▸ Wer gegartes Gemüse zum Frühstück isst, kocht am Vortag einfach eine größere Menge, überbrüht es am nächsten Morgen mit im Wasserkocher erhitztem Wasser und lässt es kurz ziehen.

▸ Körnermischung auf Vorrat geröstet und in einer Frischhaltedose aufbewahrt, spart beim Frühstück ebenfalls Zeit, und man kann sie auch Kindern mit Obst und Milch unter die Haferflocken geben.

Metabolisch kochen für die Familie

Oftmals entsprechen die eingekauften Mengen nicht den tatsächlichen Mengen eines metabolic-balance®-Planes. Man möchte z.B. gern mal einen Kohlrabi essen, aber der wiegt wesentlich mehr, als es der Plan zulässt. Es bietet sich dann an, den ganzen Kohlrabi zu verarbeiten und die Reste für die Familie zu verwenden. Das spart zudem auch Zeit. Stellen Sie den eigenen Anteil an Gemüse, Fleisch, Fisch oder Hülsenfrüchten vorab beiseite und ergänzen Sie die Portion für die Familie entsprechend mit Vollkornnudeln, Naturreis oder Kartoffeln. Gemüse-Pommes, Gemüsepürees und Aufläufe mit Roggennudeln eignen sich besonders gut, um nicht unterschiedliche Gerichte für alle kochen zu müssen.

Ein Kontaktgrill oder ein ausgedientes Waffeleisen, das als Grill verwendbar ist, hilft beim Grillen und Braten.

Küchenutensilien für eilige Köche

Es gibt viele nützliche Küchengeräte, die den Küchenalltag enorm erleichtern und dabei helfen, schnell feine Gerichte zu kreieren. Angefangen bei einem kleinen, scharfen Messer oder einem Pürierstab über beschichtete Pfannen und Schnellkochtöpfe bis hin zu einem Induktionsherd, der blitzschnell auf die Temperatureinstellung reagiert. Dank Bratpapier und Bratschlauch reduziert sich auch die Zeit zum nachfolgenden Saubermachen.

Frischhaltedosen

Frischhaltedosen gehören zur Grundausstattung eines jeden Haushalts. Lebensmittel, die durch den Kontakt mit Sauerstoff eintrocknen oder verderben könnten, finden in ihnen den passenden Platz zum Erhalt der Feuchtigkeit und damit verbundenen Haltbarkeit. Sie sind nicht nur praktisch, weil man sie platzsparend im Küchenschrank oder Kühlschrank stapeln kann, sondern weil sie sich gut eignen, um Lebensmittel sauber und sicher zu transportieren. Egal ob es sich um Salate, belegte Brote, Gemüse- oder Obstschnitze handelt.

Thermoskannen

Isolierkannen werden meist genutzt, um Kaffee oder Tee warm zu halten. Sie eignen sich aber auch gut zum Transport von warmen Suppen, Milch oder heißem Wasser. Sie sind sehr stabil und lassen sich deshalb auch gut mitnehmen.

Handmixer/Multizerkleinerer/Pürierstab

Für die Zubereitung von Gemüsegerichten ist z. B. ein Multizerkleinerer oder ein Handmixer das ideale Küchenutensil, da das Gemüse in Windeseile zerkleinert, püriert oder geraspelt wird. Zwar kann man das auch per Hand machen, aber deutlich einfacher und schneller geht es mit einem entsprechenden Gerät. Ausgestattet mit einem scharfen Edelstahlmesser wird innerhalb von Sekunden alles, ob Zwiebel, Obst, Gemüse, Käse und Kräuter, fein gehackt bzw. püriert. Es ist sogar möglich, Eis damit zu zerkleinern.

> Frischhaltedosen sollten aus Propylen (PP)-Material sein, damit keine giftigen Weichmacher auf die Lebensmittel übergehen können.

Dampfgarer aus Bambus

Die einfachsten Dampfgarer sind runde, stapelbare Bambussiebe (meist dreiteilig mit zwei Sieben und einem Deckel). Zunächst bringt man etwas Wasser in einem passenden Topf oder Wok zum Kochen und stellt dann den Dampfkorb in den Wok bzw. Topf. Das verdampfende Wasser steigt durch die Siebe nach oben. Das oberste Sieb wird mit einem speziellen Bambusdeckel geschlossen.

Wok

Der Wok ist eine stark gewölbte Pfanne, in der praktisch alle Garmethoden durchgeführt werden können, von Blanchieren über Dünsten, Dämpfen bis hin zum Frittieren. Meist nutzt man den Wok jedoch zum Pfannenrühren, einer Garmethode, bei der das Gargut unter ständigem Rühren kurz angebraten und dabei schnell zubereitet wird. Das Pfannenrühren im Wok geht schnell und zählt zu den schonenden Garmethoden, welche viele Nährstoffe erhalten. Das Gargut, Gemüse oder Fleisch, sollte vorher in mundgerechte Stücke geschnitten werden. Der Vorteil des Wok-Garens liegt darin begründet, dass man wenig Fett benötigt und Farbe und Aroma der Lebensmittel gut erhalten bleiben. Tipp: Zuerst das Fleisch anbraten, danach das Gemüse. Klebt das Gargut am Wok fest, anstelle von Öl etwas Brühe oder Wasser hinzufügen, um es zu lösen.

Tongefäße wie ein Römertopf oder eine Tajine vor dem Gebrauch zum Wässern in kaltes Wasser legen. Nach dem Füllen in den kalten Backofen geben, d.h. den Backofen nicht vorheizen, damit das Gefäß nicht platzt.

Römertopf und Tajine

Das Garen in Tongefäßen gehört zu den ältesten Kochmethoden der Menschheit. Dennoch ist das Garen im Römertopf modern und zeitgemäß, da eine gesunde, fettarme Zubereitung von Fleisch, Gemüse oder auch Fisch möglich ist. Bei schonendem Dünsten und Dämpfen im eigenen Saft werden Vitamine und Aromen erhalten. Die Handhabung ist einfach, man braucht nur die Zutaten vorzubereiten, das Garen im Römertopf geht ganz von allein. Dadurch gewinnt man Zeit für andere Dinge. Grundsätzlich wird im Backofen gegart, und da der Topf mit einem Deckel verschlossen ist, kann auch nichts spritzen, anbrennen oder gar überkochen.

Thermotopf und Kochkiste

Der Thermotopf besteht aus einem Fleischtopf und einer perfekt dafür angepassten isolierenden Thermobox. Er ist ideal zum Transport von warmen oder gekühlten Speisen, denn in ihm bleiben die Speisen über eine lange Zeit gut temperiert. Der Thermotopf ist gut geeignet zum Zubereiten von Kartoffeln, Eintöpfen, Suppen, Rouladen und Rinderbraten. Die Speisen werden nur kurz im Topf angekocht. Anschließend wird der Kochtopf vom Herd genommen und mit geschlossenem Deckel in die Thermobox gestellt und abseits vom Herd aufbewahrt. Dadurch, dass der Topf sehr gut isoliert ist, garen die Speisen ohne Energie weiter. Das ist ideal für Berufstätige, z. B. kann man in der Früh schnell die Hülsenfrüchte aufkochen, und bis man nach Hause kommt, sind die Hülsenfrüchte gar gekocht. Alle Speisen, außer Gemüse, können nach Ende der Kochzeit ca. 6 bis 8 Stunden in der Thermobox warm gehalten werden.

Ein großer Vorteil des Thermotopfes ist, dass Körner und Hülsenfrüchte durch langsames Ausquellen ein intensiveres Aroma bekommen. Auch Fleisch wird sehr schmackhaft in so einem Topf.

Im Wok lässt sich Gemüse ganz leicht bissfest garen.

Konsequent das Stoffwechselprogramm im Alltag umsetzen. Für eine gesunde Ernährung auch außerhalb der heimischen Wände.

Rezepte für Berufstätige

Einfache Gerichte für die Verpflegung unterwegs oder am Arbeitsplatz

Zum Frühstück

Das Frühstück spielt in unserer Ernährung eine besonders wichtige Rolle. Mit dieser Mahlzeit werden die Zuckerspeicher unseres Körpers, die sich über die Nacht geleert haben, wieder aufgefüllt, damit wir den ganzen Tag über leistungsfähig bleiben. Unser Gehirn ist auf Zucker als Energieträger angewiesen, und daher wirkt sich ein Frühstück mit Kohlenhydratträgern in Form von Körnermischung, Obst, Gemüse und Roggenvollkornbrot positiv auf unser Wohlbefinden aus. Gleichzeitig werden reichlich Vitamine und Mineralstoffe zugeführt, die unsere Lebensgeister wecken. Joghurt, Milch, Ei und Schinken liefern hochwertiges Eiweiß, das den Blutzuckerspiegel nicht zu stark belastet und ein angenehmes Sättigungsgefühl hervorruft. So gestärkt, kann man den Anforderungen des Arbeitstages gelassen entgegensehen.

Steht in einem Rezept »blanchieren«, dann bedeutet dies, dass ein Lebensmittel kurz in kochendes Wasser gegeben (oder mit heißem Wasser überbrüht) und in eiskaltem Wasser »abgeschreckt« wird.

Apfel-Mandelade-Müsli und süße Brotaufstriche enthalten den natürlichen Zucker des Obstes.

Apfel-Mandelade-Müsli (Foto)

Für 1 Portion
1 Portion Mandelade
(Mandeln und Son-
nenblumenkerne)
1 Apfel
Zimt

Zubereitung

1. Mandeln und Sonnenblumenkerne über Nacht in kaltem Wasser einweichen. Am nächsten Tag abgießen und abtropfen lassen.

2. Den Apfel waschen, vierteln, das Kerngehäuse entfernen und das Fruchtfleisch klein schneiden.

3. Alle drei Zutaten mit etwas Zimt und wenig Wasser grob pürieren.

4. Das Müsli nach Belieben mit einem Mandelkern und einer Apfelspalte garnieren.

Info Als Mandelade wird eine Mischung aus ungeschälten Mandeln und Sonnenblumenkernen bezeichnet. Sie wird kalt eingeweicht und püriert. Sie lässt sich prima vorbereiten, abwechslungsreich würzen und hält sich, gut verschlossen, im Kühlschrank 2 bis 3 Tage.

Süßer Brotaufstrich (Foto)

Für 1 Portion
1 Portion Körner-
mischung
1 Portion Obst
(nach Plan)
Zimt
etwas Vanillemark

Zubereitung

1. Eine Pfanne ohne Öl erhitzen und darin die Körnermischung unter ständigem Wenden leicht anrösten.

2. Das Obst waschen, putzen und nach Bedarf klein schneiden.

3. Die Körner mit dem Obst pürieren. Den Brotaufstrich mit Zimt und Vanillemark würzen.

Info Die Körnermischung besteht aus Kürbiskernen und Sonnenblumenkernen und zählt bei metabolic balance® zu den Eiweißlieferanten. Der aus ihr hergestellte Brotaufstrich ist im Kühlschrank, gut verschlossen, 2 bis 3 Tage haltbar .

Apfelpuffer

Für 1 Portion
1 Apfel
1 Portion Ei (2 Eier)
1 Roggenvollkorn-
knäckebrot
Zimt

Zubereitung

1. Den Apfel waschen, vierteln, das Kerngehäuse entfernen und das Fruchtfleisch fein reiben.

2. Die Eier aufschlagen und kurz verquirlen. 2 Esslöffel separat für den Eiweißhappen vorweg in einer Pfanne braten.

3. Das Knäckebrot in einen Gefrierbeutel geben und mit einem Fleischklopfer zerbröseln.

4. Brotkrümel, Apfelraspel und Zimt mit der Eimasse vermischen. Eine Pfanne erhitzen und darin die Masse zu Puffern ausbacken.

Tipp Zum Mitnehmen das Rührei als Eiweißhappen und die Apfelpuffer separat in eine Frischhaltedose geben. Auf der Arbeit, falls möglich und gewünscht, beides kurz erwärmen.

Apfelcurry mit Sojajoghurt

Für 1 Portion
1 Apfel
1/2 TL Currypulver
1 Portion Sojajoghurt

Zubereitung

1. Den Apfel waschen, vierteln, das Kerngehäuse entfernen und das Fruchtfleisch fein raspeln.

2. Eine Pfanne erhitzen und darin den geraspelten Apfel kurz anschwitzen. Mit Currypulver würzen.

3. Einen Löffel Sojajoghurt für den Eiweißhappen beiseite nehmen. Den restlichen Joghurt mit dem Apfelcurry vermengen.

Info Eine der Grundregeln von metabolic balance® besagt, dass man jede Mahlzeit mit einem bis zwei Bissen der Eiweißportion beginnen soll – je nach Zutat roh oder gegart. Hier ist es der Löffel Sojajoghurt.

Birnentraum

Zubereitung

1. Die Birne waschen, vierteln, das Kerngehäuse entfernen, das Fruchtfleisch klein schneiden und mit Ingwersaft und Zimt würzen.
2. Eine Pfanne ohne Öl erhitzen und darin die Körnermischung anrösten. Die Mischung über die Birnenstücke streuen.

Info Für Ingwersaft Wasser mit einem Stück Ingwer aufkochen.

Für 1 Portion
1 Birne
1 TL Ingwersaft
1 Prise Zimt
1 Portion Körner-
mischung

Himbeeraufstrich

Zubereitung

1. Eine Pfanne erhitzen und darin die Körnermischung anrösten.
2. Das Fruchtfleisch der Avocado aus der Schale lösen. Mit den Himbeeren pürieren. Mit Chili und Ingwersaft würzen.
3. Das Brot toasten. Den Aufstrich auf das Brot geben und die Körner darüber streuen. Zuerst ein paar Körner essen.

Für 1 Portion
1 Portion Körner-
mischung
1 Portion Avocado
1 Portion Himbeeren
1/4 gewürfelte Chili-
schote
1 TL Ingwersaft
1 Portion Roggen-
vollkornbrot

Papayadrink

Zubereitung

1. Für den Eiweißhappen 2 Esslöffel Milch abnehmen.
2. Die Papaya schälen, entkernen und in kleine Stücke schneiden.
3. Restliche Milch, Papayastücke, Haferflocken und Zitronenmelisse miteinander pürieren.

Info Den Schluck Milch und den Drink getrennt transportieren.

Für 1 Portion
1 Portion Sojamilch
1 Portion Papaya
1 Portion Hafer-
flocken
2 Blätter Zitronen-
melisse

Gemüse-Kräuter-Brotaufstrich

Für 1 Portion

1 Portion Körner-
mischung

1 Portion Gemüse
(Avocado,
1/2 Tomate)

Salz, Pfeffer

1/4 TL gekörnte
Gemüsebrühe (Glas)

1 EL Schnittlauch-
röllchen

1 TL frisch gehacktes
Basilikum

Zubereitung

1. Die Körnermischung über Nacht in kaltem Wasser einweichen. Am nächsten Tag das Einweichwasser abgießen und 1 Esslöffel eingeweichte Körner für den Eiweißhappen beiseite legen.

2. Das Fruchtfleisch der Avocado aus der Schale lösen. Die Tomate klein würfeln.

3. Körnermischung, Avocado und Tomate mit Salz, Pfeffer und Gemüsebrühe mit einem Pürierstab pürieren. Schnittlauch und Basilikum darunter mischen.

4. Die Mahlzeit mit den beiseite gelegten Körnern beginnen.

Tipp Doppelte oder dreifache Menge zubereiten. Den Rest entweder 2 bis 3 Tage im Kühlschrank aufbewahren oder die anderen Familienmitglieder mit teilhaben lassen. Schmeckt prima auf Roggenbrot.

Kürbisreibekuchen (Foto)

Für 1 Portion

1 Portion Gemüse
(Kürbis, 1 EL gewür-
felte Zwiebel)

Salz, Pfeffer

1 Portion Ei (2 Eier)

*Kürbisreibekuchen
schmecken auch kalt
sehr gut. Sie sind ideal
zum Mitnehmen.*

Zubereitung

1. Das Kürbis-Fruchtfleisch entkernen, schälen und grob reiben.

2. Zwiebel, Salz, Pfeffer und die Eier zum Kürbis geben und alles miteinander verrühren. Aus der Masse kleine Reibekuchen formen.

3. Eine Pfanne erhitzen, Bratpapier einlegen und die Reibekuchen darauf von beiden Seiten goldbraun ausbacken.

Tipp Die Reibekuchen vertragen durchaus eine kräftige Würzung. Wer mag, nimmt etwas frische Chilischote, schneidet sie in winzige Würfel und mischt sie unter die Kürbis-Ei-Masse.

Gemüsecarpaccio mit Schinken

Zubereitung

1. Gemüse waschen und putzen. Möhre und Kohlrabi schälen und in dünne Scheiben schneiden. Frühlingszwiebel in Ringe schneiden.

2. Möhren- und Kohlrabischeiben in Fächerform abwechselnd in einer Frischhaltedose oder auf einem Teller anrichten und leicht salzen. Mit den Frühlingszwiebelringen bestreuen.

3. Schinken auf dem Gemüse anrichten und mit Pfeffer würzen.

Schinkenröllchen

Zubereitung

1. Gemüse waschen, putzen und nach Bedarf schälen. Möhre, Paprikaschote und Gurke in dünne Streifen schneiden, salzen und pfeffern.

2. Blattsalat in einer Frischhaltedose oder auf einem Teller anrichten. Die Gemüsestreifen in den Schinken wickeln und auf den Salat legen.

Schinken »Allerlei«

Zubereitung

1. Zucchini und Pastinake waschen, putzen und raspeln. Tomate klein würfeln. Schinken in Streifen schneiden.

2. Zwiebel, Zucchini und Pastinake in Brühe andünsten, salzen und pfeffern. Schinkenstreifen zugeben und kurz miterwärmen.

3. Das Gericht in eine Frischhaltedose oder auf einen Teller geben. Vor dem Verzehr mit Petersilie und den Tomatenwürfeln bestreuen.

4. Die Mahlzeit mit etwas Schinken beginnen.

Grüne Putenbrust

Zubereitung

1. Die Putenbrust in kleine Würfel schneiden.

2. Das Fruchtfleisch der Avocado aus der Schale lösen. Gurke waschen und in kleine Würfel schneiden. Paprikaschote waschen, putzen und das Fruchtfleisch klein würfeln.

3. Avocado und Gurke pürieren, salzen und pfeffern. Kräuter und Curry in das Püree einrühren. Die Paprika- und Putenbrustwürfel darunter mischen. Ein paar Putenwürfel zuerst essen.

Tipp Wer das Gericht außer Haus mitnehmen will, gibt es in eine Frischhaltedose und legt den Avocadokern dazu. Der Avocadokern sorgt dafür, dass sich das Püree nicht verfärbt. Kern nicht mitessen.

Für 1 Portion
1 Portion gebratene Putenbrust (vom Vortag)
1 Portion Gemüse (Avocado, Salatgurke, grüne Paprikaschote)
Salz, Pfeffer
1 TL frisch gehackter Liebstöckel
1 TL frisch gehackte Petersilie
grüner Curry (Gewürzmischung)

Putenbrust-Carpaccio

Zubereitung

1. Den Salat waschen und putzen. Kohlrabi putzen, schälen und in dünne Scheiben schneiden. Paprikaschote waschen, putzen und in kleine Würfel schneiden.

2. Den Salat in einer Frischhaltedose oder auf einem Teller anrichten. Die Kohlrabischeiben darauf legen und mit Salz und Pfeffer würzen.

3. Die Putenbrust dünn aufschneiden, auf den Kohlrabi legen und mit Apfelessig beträufeln. Zum Schluss mit Schnittlauchröllchen und Paprikawürfeln bestreuen. Zuerst etwas Pute essen.

Tipp Das Gericht kann man schon am Abend zuvor vorbereiten. Statt Kohlrabi Möhre oder Pastinake verwenden.

Für 1 Portion
1 Portion Gemüse (Blattsalat, Kohlrabi, Paprikaschote)
Salz, Pfeffer
1 Portion geräucherte Putenbrust
1 EL Bio-Apfelessig
1 EL Schnittlauchröllchen

Chinakohlsalat (Foto)

Zubereitung

1. Den Schinken klein würfeln. Den Strunk des Chinakohls entfernen, den Kohl putzen, waschen und in feine Streifen schneiden.

2. Die Birne waschen, vierteln, das Kerngehäuse entfernen und das Fruchtfleisch klein schneiden.

3. Eine Pfanne erhitzen und darin den Chinakohl mit der Gemüsebrühe dünsten. Mit Salz, Pfeffer und der Gewürzmischung würzen.

4. Den Schinken und die Birne unter den Chinakohl mischen. Den Salat mit Schnittlauchröllchen bestreuen.

5. Den Salat in einer Frischhaltedose oder auf einem Teller anrichten.

Für 1 Portion
1 Portion Schinken
1 Portion Chinakohl
1 Birne
50 ml Gemüsebrühe
Salz, Pfeffer
1 TL asiatische Gewürzmischung
1 EL Bio-Apfelessig
Schnittlauchröllchen

Vom Chinakohlsalat zuerst ein paar Schinkenwürfel essen.

Putenbrusttürmchen

Zubereitung

1. Eine Pfanne erhitzen und darin die Putenbrust mit etwas Wasser im Ganzen anbraten, bis sie gar ist. Herausnehmen und etwas abkühlen lassen.

2. Die gebratene Putenbrust mit einer Brotmaschine in dünne Scheiben schneiden. Mit Salz, Pfeffer und Paprikapulver würzen.

3. Lollo Rosso waschen, putzen und die Blätter vierteln. Die Gurke waschen, putzen und in Scheiben schneiden.

4. Mit den Putenbrustscheiben beginnend, alle Zutaten abwechselnd aufeinander stapeln. Die Türmchen mit Zahnstochern fixieren.

Tipp Andere Blattsalate, Paprikaschote und Tomate nehmen. Zum besseren Schneiden die Putenbrust zuvor kurz anfrieren lassen. Das Gericht ist ideal zum Mitnehmen. Zuerst etwas Pute essen.

Für 1 Portion
1 Portion Putenbrust
Salz, Pfeffer
Paprikapulver
1 Portion Gemüse
(Lollo Rosso, Salatgurke)
Außerdem:
Zahnstocher

Blitzrezepte

Es gibt Tage, an denen es einfach schnell gehen muss, weil ein Termin den nächsten jagt und zum Kochen keine Zeit mehr bleibt oder nach einem langen Arbeitstag die Lust fehlt, aufwendig zu kochen. In diesen Situationen wird häufig nach Fertiggerichten gegriffen, dabei kann man mit den entsprechenden Rezepten genauso einfach und schnell selbst kochen. Tricks und Tipps sowie geeignete Küchenhelfer, wie Pürierstab, Allesschneider und die Tiefkühltruhe, helfen einem dabei. Mit den richtigen Zutaten, z. B. Tofu, Ei und Hülsenfrüchte, sind einfache und dennoch raffinierte Gerichte im Nu gezaubert. Eine abwechslungsreiche Gemüseauswahl deckt zudem den Vitaminbedarf. Dabei sollte man beachten, dass feste Gemüsearten wie Möhren, Blumenkohl oder Kohlrabi längere Garzeiten haben als Zucchini, Porree und Paprika und daher als Erstes zubereitet werden sollten.

Garen ohne Fett ist problemlos möglich. Statt Öl einfach ein paar Tropfen Wasser mit in den Topf geben und die Lebensmittel im eigenen Saft garen lassen. Oder zuvor Bratpapier in die Pfanne einlegen.

Der scharfe Gazpacho und das Gemüse mit Curry-Käse-Creme sind super lecker.

Gemüsequark

Zubereitung

1. Das Gemüse waschen. Kohlrabi und Möhre schälen, Zucchini putzen und alles fein raspeln. Mit Salz würzen und kurz ziehen lassen.
2. Petersilie und Schnittlauch waschen, trockentupfen und hacken.
3. Den Quark unter die Gemüseraspel mischen. Den Gemüsequark mit Pfeffer würzen. Die Kräuter unterrühren.

Für 1 Portion
1 Portion Gemüse (Kohlrabi, Möhre, Zucchini)
Salz
Petersilie
Schnittlauch
1 Portion Quark
Pfeffer

Scharfer grüner Gazpacho (Foto)

Zubereitung

1. Die Salatgurke waschen, putzen, in kleine Stücke schneiden und mit einem Pürierstab pürieren. Von dem Quark 1 Esslöffel abnehmen und den Rest unter das Gurkenpüree mischen.
2. Die Chilischote klein schneiden. Den Gazpacho mit Chili, Limettensaft, Salz und Pfeffer würzen. Mit Dill garnieren.
3. Zum Mitnehmen den Gazpacho in ein Schraubglas füllen. Den beiseite genommenen Quark separat verpacken und zuerst essen.

Für 1 Portion
1 Portion Salatgurke
1 Portion Quark
1/2 grüne Chilischote
1 TL Limettensaft
Salz, Pfeffer
1 EL frisch gehackter Dill

Gemüse mit Curry-Käse-Creme (Foto)

Zubereitung

1. Oliven klein hacken. Radieschen waschen, putzen und halbieren. Den Chicorée waschen und putzen, die Blätter einzeln ablösen.
2. Den Käse mit Salz, Pfeffer, Currypulver und den Oliven vermengen.
3. Chicorée und Radieschen mit der Curry-Käse-Creme in eine Frischhaltedose oder auf einen Teller geben.

Für 1 Portion
1 Portion Gemüse (2 grüne Oliven, Radieschen, Chicorée)
1 Portion Ziegenfrischkäse
Salz, Pfeffer
Currypulver

Tofudip

Für 1 Portion
1 Portion Tofu
1 Knoblauchzehe
frischer Ingwer
1/2 Chilischote
1/4 Vanilleschote
2 EL Mineralwasser
1 TL gekörnte
Gemüsebrühe (Glas)
1 EL frisch gehackte
Petersilie

Zubereitung

1. Tofu zerbröckeln. Knoblauch abziehen, Ingwer schälen, Chilischote putzen. Vanilleschote halbieren und etwas Mark herauskratzen.
2. Tofu, alle Gewürze, Mineralwasser und Brühe miteinander pürieren. Die Petersilie untermengen.

Tipp Zum Tofudip kann man Gemüsesticks, auch als Rohkost, zum Bohnendip Sellerie oder Chicorée und zum Käsedip Knäckebrot essen.

Weißer Bohnendip

Für 1 Portion
1 Portion weiße
Bohnen (Dose)
1 Knoblauchzehe
1/4 Chilischote
1 EL Bio-Apfelessig
50 ml Gemüsebrühe
Salz, Pfeffer
1 EL frisch gehackte
Petersilie

Zubereitung

1. Die Bohnen in einem Sieb abspülen und abtropfen lassen. 1 Esslöffel als Eiweißhappen separat halten und dann als Erstes essen.
2. Knoblauch abziehen. Chilischote putzen und nach Bedarf die Samen entfernen. Bohnen, Knoblauch, Chili, Essig und Brühe pürieren. Das Püree salzen und pfeffern. Die Petersilie untermischen.

Ziegenfrischkäsedip

Für 1 Portion
1 Portion Avocado
1 Portion Ziegen-
frischkäse
Salz, Pfeffer
Paprikapulver
Kreuzkümmel
Kerbel, Petersilie

Zubereitung

1. Das Fruchtfleisch der Avocado aus der Schale lösen.
2. Avocado und Ziegenfrischkäse mit etwas stillem Wasser pürieren. Mit Salz, Pfeffer, Paprikapulver und Kreuzkümmel würzen.
3. Kerbel und Petersilie waschen, trockenschwenken, fein hacken und unter den Dip mischen.

Thunfischdip

Zubereitung

1. Den Thunfisch abtropfen lassen. Die Frühlingszwiebel waschen, putzen und in feine Ringe schneiden.

2. Das Fruchtfleisch der Avocado aus der Schale lösen und mit Salz, Pfeffer, Gemüsebrühepulver und etwas stillem Wasser pürieren.

3. Den rosa Pfeffer in einem Mörser frisch zerstoßen. Alle vorbereiteten Zutaten zu einem Dip vermengen. Die Petersilie unterrühren.

Für 1 Portion
1 Portion Thunfisch (Dose)
1 Portion Gemüse (Frühlingszwiebel, Avocado)
Salz, Pfeffer
1/4 TL gekörnte Gemüsebrühe (Glas)
rosa Pfeffer
1 TL frisch gehackte Petersilie

Gefüllte Eisbergsalatrolle

Zubereitung

1. Salatblätter waschen und trockentupfen. Das Gemüse waschen und putzen, die Paprikaschote in kleine Würfel, die Frühlingszwiebel in feine Ringe schneiden. Den Knoblauch abziehen und fein hacken.

2. Die Papaya schälen, die Samen entfernen und das Fruchtfleisch in Stücke schneiden. Die Papayastücke mit der Hälfte der Garnelen in einem Mixer pürieren. Den Knoblauch und die restlichen Garnelen untermischen. Mit Essig und Pfeffer würzen.

3. Die Petersilie waschen, trockenschwenken und fein hacken. Die Paprikastücke, die Frühlingszwiebelringe und die Petersilie miteinander vermengen und – bis auf eine kleine Menge zum Garnieren – unter die Papaya-Garnelen-Mischung ziehen.

4. Die Füllung auf die Salatblätter streichen und diese einrollen. Mit dem beiseite gelegten Gemüse garnieren.

Tipp Salat mit Schafskäse und Gemüse oder mit geräucherter Putenbrust und frischen Kräutern füllen.

Für 1 Portion
1 Portion Gemüse (Eisbergsalat, Paprikaschote, Frühlingszwiebel)
1 Knoblauchzehe
1 Portion Papaya
1 Portion gegarte Garnelen (Krabben)
Pfeffer
1 EL Bio-Apfelessig
Petersilie

Orangen-Saibling (Foto)

Für 1 Portion
1 unbehandelte
Orange
1 Portion
Saiblingsfilet
Salz, Pfeffer
2–3 Blätter
Zitronenmelisse

Zubereitung

1. Die Orange unter heißem Wasser gründlich waschen, abtrocknen und die Schale abreiben. Eine Hälfte der Orange auspressen, die andere in dünne Scheiben schneiden.

2. Das Saiblingsfilet waschen, trockentupfen und mit den Orangenscheiben auf ein mit Backpapier ausgelegtes Backblech legen. Die Enden des Papiers so zusammendrehen, als wäre es ein Bonbon.

3. Den Orangensaft salzen, pfeffern und etwas abgeriebene Orangenschale darunter mischen. Den Fisch damit beträufeln und anschließend die restlichen Orangenschalen auf den Fisch legen.

4. Den Backofen auf 180 °C (Umluft 160 °C, Gas Stufe 2–3) vorheizen. Den Fisch auf die mittlere Schiene schieben und 12 bis 15 Minuten garen. Mit Zitronenmelisse garnieren.

Der Orangen-Saibling wird beim Garen in Papier wunderbar zart und saftig.

Tipp Schmeckt auch kalt mit Salat oder nur mit Roggenvollkornbrot.

Kabeljau im Bratschlauch

Für 1 Portion
1 Portion Kabeljau
Salz, Pfeffer
1 Portion Gemüse
(Möhre, Sellerie,
Porree)
1 EL frisch
gehackter Dill
1 EL frisch
gehackte Minze

Zubereitung

1. Den Fisch waschen, trockentupfen, die Gräten entfernen, salzen und pfeffern. Das Gemüse waschen, putzen und klein schneiden.

2. Alle Zutaten in einen Bratschlauch geben und diesen auf ein kaltes Backblech legen. Den Fisch im Backofen bei 175 °C (Umluft 155 °C, Gas Stufe 2) 20 Minuten garen.

Tipp Wenn ein Wasserkocher zur Verfügung steht, kann man den Kabeljau im Bratschlauch im heißen Wasser erwärmen.

Forellenmousse auf Blattsalat

Für 1 Portion
1 Portion geräucherte Forelle
50 ml Gemüsebrühe
Salz, Pfeffer
1 Portion Gemüse (Blattsalat, 1/2 Tomate, 1 EL gewürfelte Zwiebel)
1 EL Bio-Apfelessig

Zubereitung

1. Die Forelle klein schneiden, mit etwas Gemüsebrühe in einem Handmixer klein häcksln, salzen und pfeffern.

2. Den Salat waschen und trockenschleudern. Die Tomate würfeln.

3. Für die Marinade die restliche Gemüsebrühe mit dem Essig verrühren und mit Salz und Pfeffer würzen.

4. Zum Außer-Haus-Mitnehmen den Salat und die Tomate in eine Frischhaltedose geben und das Fischmousse separat in eine andere Box füllen. Das Salatdressing in ein Schraubglas füllen.

5. Im Büro den Blattsalat auf einem Teller anrichten, die Tomatenwürfel darüber streuen und das Ganze mit der Marinade beträufeln. In die Mitte die Forellenmousse geben.

Heringssalat

Für 1 Portion
1 Portion Matjes
1 Portion Gemüse (Blattsalat, Salatgurke, Frühlingszwiebel, 1 EL gewürfelte rote Zwiebel)
1 Apfel
1 EL Bio-Apfelessig
Pfeffer
Dill

Zubereitung

1. Den Matjes waschen, trockentupfen und in kleine Würfel schneiden. Den Salat waschen und trockenschleudern.

2. Die Gurke waschen und in Scheiben schneiden. Die Frühlingszwiebel waschen, putzen und in Ringe schneiden. Den Apfel waschen, Kerngehäuse entfernen und das Fruchtfleisch in Stücke schneiden.

3. Die Zwiebel mit den Gurken- und Apfelstücken mischen und mit Essig, Pfeffer und Dill würzen.

4. Matjes und Zwiebelmischung auf den Salatblättern anrichten und die Frühlingszwiebelringe darüber streuen.

Tipp Der Salat ist ideal zum Mitnehmen.

Fruchtiger Linsensalat

Zubereitung

1. Die Linsen nach Packungsanweisung etwa 10 Minuten kochen und abkühlen lassen.

2. Den Porree und die Paprikaschote waschen und putzen. Die Möhre waschen, putzen und schälen. Alles in kurze Streifen schneiden.

3. Für das Dressing die Gemüsebrühe mit dem Essig verrühren und mit Senfpulver, Salz und Pfeffer würzen. Die Linsen und das Gemüse mit dem Dressing mischen und den Salat etwas durchziehen lassen.

4. Den Apfel waschen, entkernen und das Fruchtfleisch raspeln. Die Apfelraspel und die Kräuter unter den Salat mischen.

Tipp Der Linsensalat schmeckt besonders lecker, wenn man ihn 1 bis 2 Tage durchziehen lässt.

Für 1 Portion
1 Portion rote Linsen
1 Portion Gemüse (Porree, Paprikaschote, Möhre)
50 ml Gemüsebrühe
1 EL Bio-Apfelessig
Senfpulver
Salz, Pfeffer
1 Apfel
1 EL frisch gehackte Petersilie
1 EL frisch gehacktes Koriandergrün

Zucchini-Mozzarella-Salat

Zubereitung

1. Den Mozzarella und die Tomate in kleine Würfel schneiden.

2. Die Zucchini waschen, putzen, in dünne Scheibchen schneiden. Die Scheiben salzen, 5 Minuten ziehen lassen und kurz abspülen.

3. Für das Dressing den Knoblauch abziehen und fein hacken. Die Chilischote entkernen und fein schneiden. Brühe mit Essig und Schnittlauch verrühren und mit Knoblauch und Chili würzen.

4. Die Salatzutaten mit dem Dressing auf einem Teller anrichten.

Tipp Zum Mitnehmen das Dressing in ein Schraubglas füllen und die Salatzutaten in eine Frischhaltedose geben.

Für 1 Portion
1 Portion Mozzarella
1 Portion Gemüse (1/2 Tomate, Zucchini)
Salz
1 Knoblauchzehe
1/4 rote Chilischote
50 ml Gemüsebrühe
1 EL Bio-Apfelessig
1 EL Schnittlauchröllchen

Ziegenkäse mit Erdbeerchutney (Foto)

Für 1 Portion
1 Portion Erdbeeren
1/4 rote Peperoni
1 EL gewürfelte Schalotte
1 EL Bio-Apfelessig
Salz, Pfeffer
1 Portion Ziegenkäse

Zubereitung

1. Die Erdbeeren waschen und putzen. Die Peperoni klein schneiden.

2. Eine Pfanne erhitzen und darin die Schalotte andünsten. Die Erdbeeren dazugeben und 10 bis 15 Minuten köcheln lassen; nach Bedarf ein paar Tropfen Wasser dazugeben. Mit Essig, Salz, Pfeffer und Peperoni würzen. Das Chutney auskühlen lassen.

3. Ziegenkäse in mundgerechte Portionen schneiden und mit dem Chutney in einer Frischhaltedose oder auf einem Teller anrichten.

Tipp Roggenbrot und ein frischer Salat passen sehr gut dazu.

Tipp Das Chutney einen Tag vorher zubereiten, dann schmeckt es besser. Das Chutney hält sich 3 bis 4 Tage im Kühlschrank.

Der Ziegenkäse mit Erdbeerchutney ist ein feines Gericht für heiße Sommertage.

Zucchinischeiben mit Ziegenkäse

Für 1 Portion
Schnittlauch
Basilikum
Petersilie
1 Portion Zucchini
1 Portion Ziegenkäse
Salz, Pfeffer
1 Prise gekörnte Gemüsebrühe (Glas)

Zubereitung

1. Kräuter waschen und fein schneiden. Die Zucchini waschen, putzen und schräg in etwa 4 Millimeter dicke Scheiben schneiden.

2. Eine Pfanne ohne Öl erhitzen und darin die Zucchinischeiben von beiden Seiten goldbraun braten.

3. Den Ziegenkäse pürieren und mit Salz, Pfeffer und Brühe würzen. Die Kräuter unter die Käsemasse mischen.

4. Die Käsemasse auf die Zucchinischeiben verteilen und zugedeckt bei schwacher Hitze 5 Minuten schmelzen lassen.

Tipp In einem Sandwichtoaster mit Vollkornbrot wieder erwärmen.

Bunter Sprossensalat

Für 1 Portion

1 Portion Kicher-
erbsensprossen
1 Portion Gemüse
(Kopfsalat, Radicchio,
Radieschen, 1 EL
gewürfelte Zwiebel)
1 Apfel
50 ml Gemüsebrühe
1 EL Bio-Apfelessig
Salz, Pfeffer
1 EL frisch gehackte
Petersilie
1 EL Schnittlauch-
röllchen

Zubereitung

1. Die Kichererbsensprossen kurz in kochendem Wasser blanchieren, kalt abspülen und abtropfen lassen.

2. Kopfsalat- und Radicchioblätter waschen, trockenschleudern und klein zupfen. Die Radieschen putzen und in Scheiben schneiden.

3. Den Apfel waschen, das Kerngehäuse entfernen und das Frucht-fleisch in feine Spalten schneiden.

4. Für die Sauce die Gemüsebrühe mit dem Essig verrühren und mit Salz und Pfeffer würzen. Zwiebel und Petersilie einrühren.

5. Radieschenscheiben und Apfelspalten unter die Sauce mischen. Die Sprossen unterheben.

6. Die Salatblätter in einer Frischhaltedose anrichten und die Spros-senmischung darauf verteilen. Mit Schnittlauch bestreuen.

Schwarzaugenbohnen-Salat

Für 1 Portion

1 EL Zitronensaft
Senf
(1 EL Öl ab Phase 3)
Thaicurry
Salz, Pfeffer
1 EL frisch gehackte
Zitronenmelisse
1 Portion gegarte
Schwarzaugen-
bohnen
1 Portion Gemüse
(Salatgurke, Paprika-
schote, Staudenselle-
rie, 1/2 Tomate, rote
Zwiebel)

Zubereitung

1. Für die Sauce den Zitronensaft mit etwas Senf (und Öl ab Phase 3) verrühren. Mit Thaicurry, Salz und Pfeffer würzen und die Zitronen-melisse einrühren.

2. Die Bohnen unter die Sauce mischen und durchziehen lassen.

3. Salatgurke, Paprikaschote und Staudensellerie waschen, putzen und klein schneiden. Die Tomate würfeln. Die Zwiebel abziehen und fein würfeln. Das Gemüse unter die Bohnen mischen.

Tipp Hülsenfrüchte in größeren Mengen kochen. Sie halten sich im Kühlschrank, in Wasser eingelegt, bis zu 5 Tagen. Ideal für Suppen.

Meerrettichsalat

Zubereitung

1. Die Salatgurke und die Möhre waschen, putzen und schälen. Den Sellerie waschen und putzen. Alles in feine Würfel schneiden.

2. Das Rindfleisch ebenfalls in Würfel schneiden. Den Apfel waschen, das Kerngehäuse entfernen und das Fruchtfleisch klein schneiden.

3. Alle vorbereiteten Zutaten in einer Schüssel vermengen. Die Petersilie und die Kapern untermischen.

4. Für die Sauce den Meerrettich mit dem Essig verrühren, salzen und pfeffern. Die Sauce unter die Salatzutaten mischen und den Salat etwas durchziehen lassen.

Tipp Optimal zum Mitnehmen, da der Salat gut durchziehen soll.

Für 1 Portion

1 Portion Gemüse (Salatgurke, Möhre, Staudensellerie, 1 EL gewürfelte Zwiebel)

1 Portion gekochtes Rindfleisch

1 kleiner Apfel

1 EL frisch gehackte Petersilie

1/2 TL Kapern

1/2 TL frisch geriebener Meerrettich

1 EL Bio-Apfelessig

Salz, Pfeffer

Eiersalat

Zubereitung

1. Das Ei hart kochen und in kaltem Wasser auskühlen lassen.

2. Das Gemüse waschen, putzen bzw. schälen und in kleine Stücke schneiden. Die Mango schälen. Das Fruchtfleisch vom Stein lösen und in Streifen schneiden.

3. Für das Dressing Brühe, Essig, Salz und Pfeffer verrühren.

4. Das Ei in Sechstel schneiden. Ei, Gemüse und Mango vermengen und zum Mitnehmen in eine Frischhaltedose geben. Das Dressing in ein Schraubglas füllen und kurz vor dem Verzehr zum Salat geben.

Tipp Etwas Mango-Fruchtfleisch pürieren und unter das Dressing mischen; so wird dieses schön sämig.

Für 1 Portion

1 Portion Ei

1 Portion Gemüse (Frühlingszwiebel, Paprikaschote, Champignons, Möhre)

1 Portion Mango

2–3 EL Gemüsebrühe

1 EL Bio-Apfelessig

Salz, Pfeffer

Pilzsalat mit Knoblauch (Foto)

Zubereitung

1. Die Pilze mit einem Tuch abreiben und in Scheiben schneiden. Die Zucchini waschen, putzen und in Scheiben schneiden. Die Frühlingszwiebel waschen, putzen und in Ringe schneiden. Den Knoblauch abziehen und hacken.

2. Eine Pfanne erhitzen und darin Zwiebel, Knoblauch, Pilz- und Zucchinischeiben anbraten, bis die Pilze gar sind, eventuell etwas Wasser dazugeben. Frühlingszwiebelringe, Essig und Kräuter unterrühren. Mit Salz und Pfeffer würzen.

3. Den Käse in Stücke schneiden und unter die Pilzmischung geben.

Tipp Man kann Pilze gut einfrieren. In der Pilzsaison Pilze einfach putzen, in Scheiben schneiden und dann tiefgefrieren.

Der Pilzsalat mit Knoblauch schmeckt auch kalt sehr gut.

Würziger Krautsalat

Zubereitung

1. Weißkohl waschen, putzen und in feine Streifen schneiden. Die Möhre waschen, schälen und raspeln.

2. Eine Pfanne ohne Öl erhitzen und darin die Zwiebel anschwitzen. Die Kohlstreifen dazugeben, kurz mitdünsten und die Gemüsebrühe zufügen. Alles mit Kümmel, Salz, Pfeffer und Thaicurry würzen und bissfest garen.

3. Die Möhrenraspel und den Essig unter den Salat mischen.

Tipp Schmeckt lauwarm zu geschnetzelter Hühnerbrust oder Schweinelende.

Rote-Bete-Tofu-Carpaccio

Für 1 Portion
1 Portion Rote Bete
(aus dem Glas)
1 Portion Tofu
1 unbehandelte
Orange
3–4 EL Gemüsebrühe
1 EL Bio-Apfelessig
Salz, Pfeffer
2 EL frisch gehacktes
Basilikum

Zubereitung

1. Die Rote Bete abtropfen lassen und in dünne Scheiben schneiden. Den Tofu ebenfalls in dünne Scheiben schneiden.

2. Die Orange unter heißem Wasser waschen und etwas Schale so abreiben, dass keine weiße Haut mit abgerieben wird. Die Orange komplett schälen, das Fruchtfleisch filetieren und quer in dünne Scheiben schneiden, den abtropfenden Saft dabei auffangen.

3. Rote Bete, Tofu und Orange abwechselnd kreisförmig in einer Frischhaltedose oder auf einem Teller anrichten.

4. Für die Marinade Orangensaft, Brühe und Essig verrühren, salzen und pfeffern. Die Marinade über das Carpaccio träufeln. Mit Basilikum bestreuen.

Fruchtiger Tofusalat

Für 1 Portion
1 Portion geräucherter Tofu
1 Portion Gemüse
(Paprikaschote,
Möhre, Kohlrabi,
Feldsalat)
1 Portion Melone
Salz, Pfeffer
1 EL frisch gehackte
Zitronenmelisse

Zubereitung

1. Den Tofu in kleine Würfel schneiden. Gemüse waschen und putzen bzw. schälen und klein schneiden. Feldsalat waschen und putzen.

2. Aus der Melone mit einem Ausstecher kleine Kugeln ausstechen.

3. Das Gemüse, den Feldsalat und die Melonenkugeln vermischen.

4. Für die Salatsauce den Rest der Melone pürieren, salzen und pfeffern. Etwas Zitronenmelisse untermischen.

5. Eine Pfanne ohne Öl erhitzen und darin den Tofu anbraten. Den Tofu über den Salat geben und mit der restlichen Zitronenmelisse garnieren. Die Sauce kurz vor dem Verzehr über den Salat geben.

Tipp Zum Mitnehmen Salat und Sauce separat verpacken.

Meerrettichsauce

Zubereitung

1. Sellerie waschen, schälen, klein schneiden, dann blanchieren, abgießen und das Wasser dabei auffangen.

2. Den Sellerie pürieren und so viel von dem aufgefangenen Wasser dazugeben, bis die gewünschte Konsistenz der Sauce erreicht ist.

3. Mit Meerrettich, Brühepulver, Senfpulver und Pfeffer würzen.

Tipp Statt Sellerie Möhre nehmen. Passt zu gekochtem Rindfleisch.

Für 1 Portion
1 Portion Knollensellerie
Salz
frisch geriebener Meerrettich
1/2 TL gekörnte Gemüsebrühe (Glas)
Senfpulver, Pfeffer

Papayasauce

Zubereitung

1. Papaya schälen, die Samen entfernen und das Fruchtfleisch mit Essig pürieren. Mit Salz, Ingwer-, Chili- und Paprikapulver würzen.

2. Die Kräuter waschen, trockentupfen und fein hacken. Zur Sauce geben und 10 Minuten ziehen lassen.

Tipp Passt gut zu Fleisch und Fisch.

Für 1 Portion
1 Portion Papaya
1 TL Bio-Apfelessig
Salz, Ingwerpulver
Chilipulver
Paprikapulver
Liebstöckel
Koriandergrün

Kräuter-Senf-Dressing

Zubereitung

1. Avocado und Senf mit wenig Wasser pürieren. Mit Salz, Pfeffer und Brühe würzen. Mit einem Pürierstab aufschäumen. Kräuter zugeben.

Tipp Ideal für Salate und zum Marinieren. Gekühlt 3 Tage haltbar.

Für 1 Portion
1 1/2 EL Avocado
1 TL Senf
Salz, Pfeffer
1/4 TL gekörnte Gemüsebrühe (Glas)
gehackte Kräuter

Mango-Avocado-Salat mit Ei (Foto)

Zubereitung

1. Ei hart kochen, abkühlen lassen und fein hacken.

2. Den Salat waschen, trockenschütteln und in Stücke zupfen. Das Fruchtfleisch der Avocado aus der Schale lösen und fein würfeln. Mango schälen, das Fruchtfleisch vom Stein lösen und würfeln.

3. Für das Dressing das gehackte Ei mit der Hälfte der Mangowürfel, Essig, Salz, Pfeffer und Gemüsebrühe mit einem Pürierstab sämig pürieren.

4. Blattsalat kreisförmig anrichten, Mango- und Avocadowürfel in der Mitte platzieren und mit dem Salatdressing übergießen. Das Koriandergrün kurz vor dem Verzehr darüber streuen.

5. Die Mahlzeit mit etwas Ei beginnen.

Für 1 Portion
1 Portion Ei
1 Portion Gemüse
(Blattsalat, Avocado)
1 Portion reife
Mango
1 EL Bio-Apfelessig
Salz, Pfeffer
50 ml Gemüsebrühe
1 EL frisch gehacktes
Koriandergrün

Der Mango-Avocado-Salat mit Ei erfreut sich großer Beliebtheit.

Pochiertes Ei mit Avocado

Zubereitung

1. Radicchio waschen und trockenschleudern. In einer Frischhaltedose oder auf einem Teller anrichten. Mit Salz, Pfeffer und Essig würzen.

2. Die Tomate in dünne Scheiben schneiden und auf den Radicchio legen. Das Fruchtfleisch der Avocado aus der Schale lösen, in Scheiben schneiden und fächerförmig auf dem Gemüse anrichten.

3. Das Ei pochieren. Dazu in einem Topf Wasser mit Essig aufkochen und die Hitze ein wenig reduzieren, so dass das Wasser leicht siedet. Das Ei aufschlagen, in eine Schöpfkelle geben und mit dieser das rohe Ei in das siedende Wasser gleiten lassen. Sobald das Ei gestockt ist, herausnehmen, in kaltem Wasser abschrecken und abtropfen lassen.

4. Das pochierte Ei auf den Salat legen. Mit Schnittlauch bestreuen.

Für 1 Portion
1 Portion Gemüse
(Radicchio, 1/2
Tomate, 1/2 reife
Avocado)
Salz, Pfeffer
1 EL Bio-Apfelessig
1 Portion Ei
Schnittlauchröllchen
Außerdem:
Essig zum Pochieren

Spitzkohlsuppe mit Huhn

Für 1 Portion
1 Portion Hühner-
brust
1 Portion Gemüse
(Spitzkohl, Paprika-
schote, Möhre,
Champignons,
Frühlingszwiebel)
Salz, Pfeffer
Kurkuma
300 ml Gemüsebrühe

Zubereitung

1. Die Hühnerbrust waschen, trockentupfen und klein würfeln. Das Gemüse waschen, putzen bzw. schälen und klein schneiden.

2. Einen Topf ohne Fett erhitzen und darin die Hühnerbrustwürfel ringsherum gut anbraten. Mit Salz, Pfeffer und Kurkuma würzen.

3. Das Gemüse zur Hühnerbrust geben, mit Gemüsebrühe auffüllen und so lange leise kochen lassen, bis das Fleisch gar ist.

Gemüsepüree

Für 1 Portion
1 Portion Gemü-
se (Blumenkohl,
Knollensellerie)
Salz, Pfeffer
Muskatnuss
1 TL gekörnte
Gemüsebrühe (Glas)
(1 EL Öl ab Phase 3)
(Kokosmilch ab
Phase 3)
frisch gehackte
Kräuter

Zubereitung

1. Blumenkohl und Sellerie waschen und putzen, in Stücke teilen und in Salzwasser etwa 15 Minuten kochen. Abgießen.

2. Das Gemüse mit Salz, Pfeffer, Muskatnuss und Gemüsebrühepulver würzen. (Ab Phase 3 Öl und Kokosmilch dazugeben.)

3. Das Ganze mit einem Pürierstab pürieren; bei Bedarf etwas Kochwasser dazunehmen. Gehackte Kräuter nach Belieben unterrühren.

Info Die Gemüsepürees sind ideal zum Erweitern der Familienmahlzeiten, zumal man Reste, die für die eigene Portion zu viel sind, gleich verwerten kann. In der strengen Phase bitte Öl und Koksmilch weglassen. Die Pürees eignen sich auch besonders gut für Kinderkost.

Tipp Gute Kombinationen sind auch Kürbis/Sellerie, Blumenkohl/Brokkoli/Pastinaken, Möhre/Sellerie, Brokkoli/Bohnen und Pastinake/Schwarzwurzel. Zu den Pürees kann man verschiedene Eiweißarten reichen, wie z. B. Spiegelei, Linsencurry oder Gulasch.

Brokkolisuppe mit Linsensprossen

Zubereitung

1. Brokkoli und Blumenkohl waschen, putzen und in kleine Röschen teilen. Die Linsensprossen waschen und abtropfen lassen.

2. In einem Topf die Gemüsebrühe erhitzen und darin das Gemüse und die Sprossen in etwa 10 Minuten bissfest garen. Die Hälfte des Gemüses und der Sprossen aus der Brühe nehmen.

3. Die Suppe mit einem Pürierstab pürieren. Mit Kräutersalz, Pfeffer und Estragon würzen.

4. Das beiseite gelegte Gemüse und die Sprossen wieder in die Suppe geben und nochmals kurz durchziehen lassen.

Tipp Die Suppe schmeckt auch lecker mit Kichererbsensprossen. Wer es etwas schärfer haben möchte, nimmt Radieschensprossen. Die Suppe lässt sich gut in einer Thermoskanne mitnehmen.

Für 1 Portion

1 Portion Gemüse (Brokkoli, Blumen-kohl)
1 Portion Linsen-sprossen
300 ml Gemüse-brühe
Kräutersalz
Pfeffer
1 TL frisch gehackter Estragon

Porree-Möhren-Suppe mit Frischkäse

Zubereitung

1. Porree unter fließendem Wasser waschen und putzen. Die Möhre waschen, putzen und schälen. Beides in kleine Stücke schneiden.

2. Einen Topf mit wenig Wasser erhitzen und darin die Zwiebel andünsten. Das Gemüse dazugeben und mit Brühe auffüllen. 10 Minuten bei mittlerer Hitze kochen lassen. Den Kerbel dazugeben.

3. Von dem Frischkäse 1 Esslöffel für die Eiweißportion vorab abnehmen. Restlichen Käse in die Suppe rühren und diese damit binden.

Tipp Diese Suppe mit Paprika, Zucchini und Thymian zubereiten.

Für 1 Portion

1 Portion Gemüse (Porree, Möhre, 1 EL gewürfelte Zwiebel)
300 ml Gemüse-brühe
4 EL frisch gehackter Kerbel
1 Portion Frischkäse

Für unterwegs

Die »To Go«-Esskultur ist nicht mehr aufzuhalten. Aktuelle Studien belegen, dass immer mehr Menschen, die unterwegs sind, ihre Mahlzeiten nebenbei im Gehen oder Fahren einnehmen. Dementsprechend groß ist auch das Angebot an Fast-Food-Produkten. Es geht aber auch individueller, abwechslungsreicher und vor allem gesünder. Mit wenig Aufwand lassen sich viele Gerichte vorbereiten und in der passenden Verpackung – Brotzeitbox mit Zwischenwänden, Schraubglas für das Salatdressing oder Thermoskanne – überallhin mitnehmen. Etwa Suppen und Eintöpfe, die sich schnell, einfach und in größeren Mengen zubereiten lassen und beliebt an kalten Tagen sind, oder Salate aus zarten Blättern oder jungem Gemüse, mal roh und knackig, mal gegart und lauwarm, die sich besonders gut für die heiße Jahreszeit eignen. Da findet jeder etwas Passendes.

Wenn es schnell gehen soll, kann gekörnte Gemüsebrühe aus dem Glas als Gewürz dienen. Diese sollte frei von Zusatzstoffen sein.

Apfel-Paprika-Suppe schmeckt gut durchgezogen sehr lecker. Sie eignet sich deshalb gut zum Mitnehmen.

Kalte Zucchinisuppe

Für 1 Portion

1 Portion Gemü-
se (Zucchini, 1 EL
gewürfelte Zwiebel)

300 ml Gemüsebrühe

Salz, Pfeffer

scharfer Senf

1 Ziegenfrischkäse

Zubereitung

1. Die Zucchini waschen, putzen und in kleine Stücke schneiden.

2. Einen Topf erhitzen und darin die Zucchini mit der Zwiebel andünsten. Mit Brühe ablöschen und etwa 15 Minuten kochen lassen. Die
Suppe mit Salz, Pfeffer und Senf würzen und sämig pürieren.

3. Einen Teelöffel Käse für den Eiweißhappen vorab beiseite stellen
und den restlichen Käse in die Suppe rühren. Die Suppe auskühlen
lassen, zum Mitnehmen abfüllen und bis zum Verzehr kalt stellen.

Tipp Die Suppe lässt sich gut vorbereiten. Statt Zucchini Salatgurke
verwenden und mit frischem Dill würzen. Käse vorab verzehren.

Apfel-Paprika-Suppe (Foto)

Für 1 Portion

1 Portion Körner-
mischung

1 großer Apfel

1 Portion Gemüse
(Paprikaschote, Pasti-
nake, 1 EL gewürfelte
Zwiebel)

Salz, Pfeffer

225 ml Gemüse-
brühe

3 Basilikumblätter

Zubereitung

1. Körnermischung in einer Pfanne ohne Öl rösten. Abkühlen lassen.

2. Den Apfel waschen und das Kerngehäuse entfernen. Die Paprikaschote waschen und putzen, das Fruchtfleisch in feine Streifen
schneiden. Die Pastinake waschen, putzen, schälen und fein raspeln.

3. Einen Topf ohne Öl erhitzen und darin die Zwiebel und die Pastinake anbraten. 3/4 des Apfels klein schneiden und mit andünsten. Die
Paprikastreifen dazugeben. Mit Salz und Pfeffer würzen, mit Gemüsebrühe auffüllen und 8 Minuten köcheln lassen.

4. Den Topfinhalt pürieren. Restlichen Apfel reiben und dazugeben.

5. Die Suppe zum Mitnehmen in eine Thermoskanne füllen. Das Basilikum und Körner separat transportieren. Kurz vor dem Verzehr das
Basilikum klein hacken und mit den Körnern zur Suppe geben.

Gefüllte Putenbruströllchen

Für 1 Portion
1 Portion Putenbrust
Salz, Pfeffer
1 Portion Gemüse
(1/2 Avocado,
Möhre)

Zubereitung

1. Die Putenbrust in dünne Scheiben schneiden.

2. Eine Pfanne ohne Öl erhitzen und darin die Putenbrustscheiben braten. Herausnehmen und mit Salz und Pfeffer würzen.

3. Das Fruchtfleisch der Avocado aus der Schale lösen, mit einer Gabel fein zerdrücken und kräftig mit Salz und Pfeffer würzen. Die Möhre waschen, schälen und in feine Streifen schneiden.

4. Die Putenstreifen mit der Avocadocreme bestreichen, Möhrenstreifen darauflegen und die Putenbrust einrollen.

Tipp Als Gemüse Zucchini, Gurke oder Staudensellerie verwenden.

Buletten mit Gemüsesticks

Für 1 Portion
1 Roggenvollkorn-
knäckebrot
1 Portion Gemüse
(Möhre, Paprika-
schote, Kohlrabi,
1 EL gewürfelte rote
Zwiebel)
1 Portion Tatar
Salz, Pfeffer
Paprikapulver
Currypulver
1/4 TL gekörnte
Gemüsebrühe (Glas)

Zubereitung

1. Das Knäckebrot in einen Gefrierbeutel geben und mit einem Fleischklopfer darauf klopfen, bis es wie Mehl aussieht.

2. Das Gemüse waschen und putzen bzw. schälen. Die Möhre raspeln. Paprikaschote und Kohlrabi in Stifte (Sticks) schneiden.

3. Eine Pfanne ohne Öl erhitzen und darin die Zwiebel andünsten. Die Möhrenraspel dazugeben und kurz mitschwitzen lassen.

4. Pfanneninhalt und Brotmehl mit dem Tatar mischen. Kräftig würzen. Alles zu Teig verkneten und daraus kleine Buletten formen.

5. Die Pfanne erhitzen, Bratpapier einlegen und die Buletten braten. Im Backofen bei 100 °C nachziehen lassen. Zu den Sticks essen.

Tipp Ideal für unterwegs.

Lamm-Kebab

Zubereitung

1. Die Aprikosen waschen, entkernen und in kleine Würfel schneiden. Den Knoblauch abziehen und fein hacken.

2. Hackfleisch mit Aprikosen, Knoblauch, Chilipulver, Salz, Pfeffer und Thymian mischen. Die Hackmasse halbieren und mit angefeuchteten Händen um zwei Schaschlikspieße herum zu langen Würsten formen.

3. Einen Grill erhitzen und die Fleischspieße in 12 bis 15 Minuten knusprig grillen.

Tipp Dazu passt gut grüner Salat, Chicorée oder Chinakohl. Wer keine Aprikosen auf seinem Ernährungsplan stehen hat, der kann Apfel, Pfirsich oder Birne verwenden.

Für 1 Portion
1 Portion Aprikosen
1 Knoblauchzehe
1 Portion Lammhack
Chilipulver
Salz, Pfeffer
getrockneter Thymian
Außerdem:
Schaschlickspieße
(Holz)

Paprikakonfetti-Salat

Zubereitung

1. Paprikaschoten waschen, putzen und in feine Wüfel schneiden. Die Zwiebel abziehen und klein würfeln. Die Chilischote fein hacken.

2. Eine Pfanne erhitzen und darin das Hackfleisch anbraten. Die Zwiebel dazugeben. Die Paprikawürfel und die Chilischote zufügen und alles zusammen weitere 5 Minuten braten.

3. Den Pfanneninhalt in eine Frischhaltedose geben und mit Salz und Pfeffer würzen. Die Gemüsebrühe und den Apfelessig dazugeben und gut untermischen. Den Salat über Nacht auskühlen lassen.

Tipp Im Büro den Paprikasalat auf frischem Blattsalat anrichten.

Für 1 Portion
1 Portion Gemüse
(rote, grüne, gelbe
Paprikaschote, 1 kleine rote Zwiebel)
1 Chilischote
1 Portion Hackfleisch
(Geflügel)
Salz, Pfeffer
50 ml Gemüsebrühe
1 EL Bio-Apfelessig

Geflügelsalat (Foto)

Zubereitung

1. Den Spargel waschen, schälen und klein schneiden. Die Champignons mit einem Tuch abreiben und in Viertel schneiden. Die Frühlingszwiebel waschen, putzen und in feine Ringe schneiden.

2. Hühnerbrust abspülen, trockentupfen und klein schneiden. Eine Pfanne erhitzen und darin das Fleisch anbraten. Warm stellen.

3. In der Pfanne den Spargel anbraten und die Champignons dazugeben. Wenn beide Gemüse gar sind, die Hühnerbrust wieder in die Pfanne geben und alles mit der Gemüsebrühe ablöschen.

4. Die Birne schälen, entkernen und das Fruchtfleisch mit Essig, Salz und Pfeffer pürieren. Die Frühlingszwiebelringe dazugeben. Die Sauce unter den Salat mischen und mit Schnittlauch garnieren.

Für 1 Portion
1 Gemüse (Spargel, Champignons, Frühlingszwiebel)
1 Portion Hühnerbrust
50 ml Gemüsebrühe
1 Birne
1 EL Bio-Apfelessig
Salz, Pfeffer
Schnittlauchröllchen

Der Geflügelsalat ist ideal zum Mitnehmen, denn er schmeckt kalt auch sehr gut.

Putengeflügelsalat

Zubereitung

1. Die Putenbrust waschen, trockentupfen und in Streifen schneiden. Die Paprikaschote waschen, putzen und klein schneiden. Den Knoblauch abziehen und hacken. Die Pfifferlinge abtropfen lassen.

2. Eine Pfanne ohne Öl erhitzen und darin die Putenbrust anbraten, salzen und pfeffern. Paprika und Knoblauch dazugeben und etwa 7 Minuten dünsten. Die Pfifferlinge dazugeben. Herausnehmen.

3. Den Ingwer schälen und fein reiben. Den Salat mit Ingwer, Essig, Brühe und Chilipulver würzen.

Tipp Den Salat gut durchziehen lassen und kalt verzehren. In Phase 3 den Salat mit Sesamöl und Sojasauce ohne Zusätze verfeinern.

Für 1 Portion
1 Portion Putenbrust
1 Portion Gemüse (Paprikaschote, 1 EL gewürfelte Zwiebel, Pfifferlinge aus dem Glas)
1 Knoblauchzehe
Salz, Pfeffer
frischer Ingwer
1 EL Bio-Apfelessig
50 ml Gemüsebrühe
Chilipulver

Spargel-Erdbeer-Salat mit Makrele

Für 1 Portion

1 Portion Gemüse
(grüner Spargel,
Rucola, Blattsalat)
1 Portion Erdbeeren
50 ml Gemüsebrühe
1 EL Bio-Apfelessig
Salz
bunter Pfeffer
1 EL frisch gehackte
Zitronenmelisse
1 geräuchertes
Makrelenfilet

Zubereitung

1. Den Spargel waschen, nur im unteren Drittel schälen und die Enden wegschneiden. Die Spargelstangen in Stücke schneiden und in Salzwasser 8 Minuten garen. Im Topf stehen lassen.

2. Die Salate waschen und putzen. Die Erdbeeren waschen, trockentupfen, putzen und vierteln.

3. Für die Marinade Gemüsebrühe, Essig, Salz, Pfeffer und Zitronenmelisse miteinander verrühren.

4. Den Spargel abtropfen lassen und unter die Marinade ziehen. Erdbeeren und Blattsalat unter den Spargel mischen.

5. Das Makrelenfilet in mundgerechte Stücke schneiden und auf dem Salat verteilen.

Tipp Statt Makrele Nüsse nehmen (Mandeln, Haselnüsse oder Walnusskerne). Ab Phase 3 den Salat mit Himbeeressig anmachen.

Feldsalat mit Shrimps

Für 1 Portion

1 Portion Gemüse
(Feldsalat, Rote Bete)
1 Orange
1 EL Bio-Apfelessig
50 ml Gemüsebrühe
Salz, Pfeffer
frisch geriebener
Meerrettich
1 Portion Shrimps (in
Salzlake)

Zubereitung

1. Feldsalat waschen, gründlich putzen und trockenschleudern. Rote Bete waschen, schälen und raspeln. Die Orange schälen, filetieren und den Saft auffangen.

2. Für das Dressing Essig, Gemüsebrühe und Orangensaft verrühren und mit Salz, Pfeffer und Meerrettich würzen.

3. Feldsalat, Rote Bete und Shrimps mit dem Dressing anmachen.

Info Shrimps in Salzlake gibt es küchenfertig zu kaufen.

Thunfisch-Kapern-Salat

Zubereitung

1. Den Thunfisch abtropfen lassen. Möhre waschen, schälen und raspeln. Gurke waschen, putzen und in Scheiben schneiden. Das Fruchtfleisch der Avocado aus der Schale lösen und in Scheiben schneiden.
2. Den Salat waschen, trockenschleudern und in einer Frischhaltedose oder auf einem Teller anrichten. Möhre, Gurke und Thunfisch darauf anrichten, mit Avocadoscheiben und Oliven garnieren.
3. Etwas Zitronensaft über den Salat geben, mit Salz und Pfeffer würzen und darüber die Kapern streuen.

Tipp Die restliche Avocado mit Kern in einem Schraubglas im Kühlschrank aufbewahren. Durch den Kern der Avocado wird die braune Verfärbung des Fruchtfleisches verhindert. Avocados enthalten reichlich einfach ungesättigte Fettsäuren, die unser Körper braucht.

Für 1 Portion
1 Portion Thunfisch im eigenen Saft (Dose)
1 Portion Gemüse (Möhre, Salatgurke, Avocado, grüner Salat, schwarze Oliven)
Zitronensaft
Salz, Pfeffer
1/2 EL Kapern

Eingelegter Thunfisch

Zubereitung

1. Gemüse waschen, putzen und in sehr kleine Stücke schneiden.
2. 1 Liter Wasser mit dem Gemüse, den Gewürzen, dem Essig und der Petersilie aufkochen. Von der Kochstelle nehmen. Erkalten lassen.
3. Den Thunfisch waschen und trockentupfen. Eine Pfanne erhitzen und darin den Thunfisch beidseits braten. In den lauwarmen Sud legen und mit Salz und Pfeffer würzen. 1 Tag ziehen lassen.

Info Der Sud wird nicht mitverzehrt. Der Thunfisch hält sich, gut verpackt, 6 Tage im Kühlschrank.

Für 1 Portion
1 Portion Gemüse (Porree, Möhre, Knollensellerie, 1 EL gewurfelte Zwiebel)
Salz, Pfeffer
Lorbeerblatt
Wacholder
4 EL Bio-Apfelessig
Petersilie mit Stängel
1 Portion frischer Thunfisch

Kichererbsensprossen-Salat

Für 1 Portion
1 Portion Kicher-
erbsensprossen
1 Portion Gemüse
(Champignons,
Paprikaschote,
Avocado)
Saft von 1 Zitrone
Kräutersalz
Pfeffer
frisch geriebene
Muskatnuss
1/2 TL gekörnte
Gemüsebrühe (Glas)
Chilipulver

Zubereitung

1. Die Sprossen in einem Sieb kurz durchwaschen, in kochendem Wasser blanchieren, kalt abspülen und abtropfen lassen.

2. Die Pilze putzen und je nach Größe halbieren. Die Paprikaschote waschen, putzen und das Fruchtfleisch in feine Streifen schneiden.

3. Für das Dressing das Fruchtfleisch der Avocado mit einem Löffel aus der Schale lösen und mit 200 Milliliter Wasser und dem Zitronensaft mit einem Pürierstab pürieren. Mit Kräutersalz, Pfeffer, Muskatnuss, Gemüsebrühepulver und Chilipulver würzen.

4. Sprossen, Pilze, Paprika und Dressing miteinander vermischen. Den Salat vor dem Verzehr 10 Minuten ziehen lassen.

Der Mungosprossen-Salat liefert viele Mikronährstoffe.

Tipp Sprossen selbst ziehen, in Zeitungspapier einwickeln und ins Gemüsefach des Kühlschranks legen. So sind sie 1 Woche haltbar.

Mungobohnensprossen-Salat (Foto)

Für 1 Portion
1 Portion Gemüse
(Porree, Möhre, 1 EL
gewürfelte Zwiebel)
1 Portion Mungo-
bohnensprossen
50 ml Gemüsebrühe
1 EL Bio-Apfelessig
1 TL Zitronensaft
Kräutersalz
Pfeffer

Zubereitung

1. Den Porree putzen, waschen und in feine Streifen schneiden. Möhre waschen, schälen und in feine Stifte schneiden.

2. Die Sprossen in ein Sieb geben, abspülen und abtropfen lassen.

3. Eine Pfanne erhitzen und darin die Zwiebel anbraten. Das Gemüse dazugeben und kurz mitbraten. Die Sprossen dazugeben und bei geschlossenem Deckel bissfest garen.

4. Für die Marinade die Gemüsebrühe mit dem Essig und dem Zitronensaft verrühren und mit Kräutersalz und Pfeffer würzen. Die Marinade über die Salatzutaten geben und alles gut verrühren.

Fenchel-Mango-Salat mit Tofu

Für 1 Portion
1 Portion Mango
1 Portion Fenchel
1 Portion geräucherter Tofu
1 EL Bio-Apfelessig
Salz, Pfeffer

Zubereitung

1. Mango schälen, das Fruchtfleisch vom Stein lösen und in feine Spalten schneiden.
2. Den Fenchel waschen, putzen, den Strunk entfernen und die Knolle grob raspeln.
3. Den Räuchertofu in kleine Würfel schneiden.
4. Alles miteinander vermischen, mit Essig besprühen und mit Salz und Pfeffer würzen.

Info Tofu ist ideal für die schnelle Küche. Man kann ihn braten, marinieren oder aber auch pur genießen. Mit Gemüse, als Salat und in Suppen liefert er wertvolles Eiweiß. Räuchertofu ist geschmacksintensiver als neutraler Tofu.

Melone-Tofu-Gemüse-Spieß

Für 1 Portion
1 Portion Gemüse (Salatgurke, rote Paprikaschote)
1 Portion Melone
1 Portion geräucherter Tofu
1 EL Bio-Apfelessig
Salz, Pfeffer
Paprikapulver
Harissa
Außerdem:
Holzspieße

Zubereitung

1. Das Gemüse waschen, putzen und in mundgerechte Stücke schneiden. Das Fruchtfleisch der Melone aus der Schale lösen und die Samen entfernen. Räuchertofu und Melone in Würfel schneiden.
2. Gurke, Paprikaschote, Tofu und Melone abwechselnd auf die Spieße stecken. Mit Apfelessig besprühen und mit Salz, Pfeffer, Paprikapulver und Harissa würzen.

Tipp Die Spieße können gut am Abend vorbereitet werden. Wahlweise können auch anstelle von Gurke und Paprika Staudensellerie und Möhre verwendet werden.

Kohlrabisuppe mit Tofu

Zubereitung

1. Kohlrabi und Möhre waschen, putzen und klein schneiden. Einen Topf erhitzen und darin die Zwiebel andünsten. Das Gemüse kurz mitrösten. Die Brühe auffüllen und 15 Minuten kochen lassen.

2. Den Tofu fein würfeln und in einer Pfanne anbraten. Die Suppe pürieren und mit Salz würzen. Tofu, Kerbel und zerstoßenen rosa Pfeffer zugeben.

3. Als Erstes etwas Tofu essen.

Tipp Champignons oder Blattspinat für die Suppe verwenden.

Für 1 Portion

1 Portion Gemüse (2/3 Kohlrabi, Möhre, 1 EL gewürfelte Zwiebel)

300 ml Gemüsebrühe

1 Portion geräucherter Tofu

Salz

1 EL frisch gehackter Kerbel

rosa Pfeffer

Würziger Tofu

Zubereitung

1. Den Tofu mit Küchenkrepp trockentupfen und in Stücke schneiden. Knoblauch abziehen, Ingwer schälen und beides fein hacken.

2. In einer Schüssel Gemüsebrühe, Essig, Knoblauch und Ingwer vermischen und den Tofu darin etwa 20 Minuten marinieren.

3. In der Zwischenzeit den Salat waschen und trockenschleudern. Möhre und Pastinake waschen, schälen und raspeln.

4. Die Salatblätter in einer Frischhaltedose oder auf einem Teller anrichten. Die Gemüseraspel auf den Salatblättern verteilen. Den eingelegten Tofu darüber geben. Mit Petersilie garnieren. Chilischote klein schneiden und über den Tofu verteilen.

Info Knoblauch, Ingwer und Chili kurbeln den Kreislauf an und lassen ein Wärmegefühl aufkommen. Ideal für alle, die leicht frieren.

Für 1 Portion

1 Portion Tofu

1 Knoblauchzehe

frischer Ingwer

50 ml Gemüsebrühe

1 EL Bio-Apfelessig

1 Portion Gemüse (Lollo Rosso, Möhre, Pastinake)

Petersilie

1 getrocknete Chilischote

Brokkoli-Kidney-Salat (Foto)

Für 1 Portion
1 Portion Gemüse
(Brokkoli, Blumen-
kohl, 1/2 Tomate,
1 TL gewürfelte
Zwiebel)
1 Portion Kidney-
bohnen (Dose)
1 Knoblauchzehe
Salz, Pfeffer

Zubereitung

1. Den Brokkoli und den Blumenkohl putzen und in Röschen teilen. In kochendem Salzwasser bissfest blanchieren, in eiskaltem Wasser abschrecken und abtropfen lassen.

2. Die Kidneybohnen in ein Sieb geben, kurz unter Wasser abspülen und abtropfen lassen. Die Bohnen unter das Gemüse mischen.

3. Für das Dressing die Tomate grob stückeln. Den Knoblauch abziehen. Die Tomatenstücke, den Knoblauch und die Zwiebel in einem Mixer häckseln, salzen und pfeffern. Das Dressing über den Salat geben und diesen etwa 30 Minuten ziehen lassen.

Der Brokkoli-Kidney-Salat lässt sich auch mit anderen Hülsenfrüchten zubereiten.

Tipp Ideal zum Mitnehmen, da der Salat gut durchziehen soll.

Limabohnensalat

Für 1 Portion
1 Portion Lima-
bohnen
1 EL Bio-Apfelessig
50 ml Gemüsebrühe
Salz, Pfeffer
Bohnenkraut
krause Petersilie
1 Portion Gemüse
(Radieschen, Salat-
gurke, Blattsalat,
Frühlingszwiebel)

Zubereitung

1. Die Limabohnen über Nacht in kaltem Wasser einweichen. Am nächsten Tag das Einweichwasser weggießen. Die Bohnen mit frischem Wasser bedecken und in etwa 45 Minuten gar kochen.

2. Die noch warmen Bohnen mit Essig, Gemüsebrühe, Salz und Pfeffer würzen. Das Bohnenkraut und die Petersilie waschen, trockenschwenken, fein hacken und unter die Bohnen mischen.

3. Das Gemüse waschen, putzen und in kleine Stücke schneiden. Vor dem Verzehr unter die Bohnen mischen.

Info Hülsenfrüchte müssen vor dem Verzehr eingeweicht werden, um sie genussfähig zu machen.

Südlicher Linsensalat

Für 1 Portion
1 Portion rote Linsen
Ingwer
Zitronengras
1/4 Chilischote
1 Portion Gemüse
(Avocado, 1/2 Toma-
te, Salatgurke,
Paprikaschote,
Eisbergsalat)
1 EL Bio-Apfelessig
50 ml Gemüsebrühe
Salz, Pfeffer
Zimt
1 Portion Mango
1/2 TL gehacktes
Koriandergrün

Zubereitung

1. Die Linsen in Wasser etwa 10 Minuten mit Biss kochen.

2. Den Ingwer schälen und fein reiben. Das Zitronengras waschen, trockentupfen und klein schneiden. Die Chilischote fein hacken.

3. Für das Dressing etwas Fruchtfleisch einer Avocado aus der Schale lösen. Avocado, Essig und Gemüsebrühe pürieren, salzen und pfeffern. Mit Ingwer, Zitronengras, Zimt und Chili würzen.

4. Das Fruchtfleisch der Mango vom Stein lösen, schälen und stükkeln. Das restliche Gemüse waschen, putzen und klein schneiden.

5. Linsen, Mango und Gemüse (außer Eisbergsalat) vermischen. Das Dressing darüber geben. Kurz vor dem Verzehr den Eisbergsalat unterheben. Mit Koriandergrün garnieren.

Tipp In Phase 3 den Salat mit etwas Kokosmilch und Öl verfeinern.

Kichererbsensalat mit Sesam

Für 1 Portion
1 Portion gegarte
Kichererbsen (Dose)
1 Portion Gemüse
(Möhre, Kohlra-
bi, Zucchini, 1 EL
gewürfelte rote
Zwiebel)
Petersilie
1 EL Bio-Apfelessig
50 ml Gemüsebrühe
Salz, Pfeffer
1/2 EL schwarzer
Sesam

Zubereitung

1. Die Kichererbsen in einem Sieb abspülen und abtropfen lassen. Das Gemüse waschen, putzen, raspeln und in eine Schüssel geben.

2. Für das Dressing die Petersilie waschen, trockenschwenken und fein hacken. Essig und Gemüsebrühe verrühren und mit Salz und Pfeffer würzen. Petersilie, Zwiebel und Sesam untermischen.

3. Das Dressing über das Gemüse träufeln. Die Kichererbsen untermengen und den Salat durchziehen lassen.

Info Frische Kichererbsen müssen über Nacht eingeweicht werden.

REZEPTE
FÜR UNTERWEGS

Sellerie-Käse-Salat

Zubereitung

1. Das Gemüse waschen, putzen und klein schneiden. Den Käse in kleine Würfel schneiden. Alles in eine Frischhaltedose geben.

2. Für das Dressing Essig, Brühe und Senfpulver miteinander verrühren und mit Salz und Pfeffer würzen. Die Zwiebel und die Kräuter in das Dressing rühren. Zum Mitnehmen in ein Schraubglas füllen.

3. Kurz vor dem Verzehr das Dressing über den Salat geben.

Tipp Mit dem frischen Grün von Möhre oder Sellerie würzen.

Für 1 Portion
1 Portion Gemüse
(Sellerie, Möhre,
Frühlingszwiebel,
1 EL gewürfelte rote
Zwiebel)
1 Portion Schafskäse
1 EL Bio-Apfelessig
50 ml Gemüsebrühe
1 Messerspitze Senf-
pulver
Salz, Pfeffer
1 EL frisch gehackte
Kräuter

Käse-Carpaccio

Zubereitung

1. Käse zuerst in dünne Scheiben und dann in Streifen schneiden.

2. Rucola waschen, putzen und trockenschwenken. Die Paprikaschote waschen, putzen und das Fruchtfleisch in feine Würfel schneiden.

3. Den Käse in einer Frischhaltedose oder auf einem Teller anrichten und das Gemüse darüber geben.

4. Für die Marinade Essig, Gemüsebrühe, Salz und Pfeffer verrühren. Die Marinade erst kurz vor dem Verzehr über den Salat geben.

Info Generell gilt für alle Salate, die frische Blattsalate enthalten und außer Haus verzehrt werden sollen, dass man die Marinade getrennt von den Salatzutaten mitnimmt. Dafür die Salatzutaten gleich nach dem Herrichten in eine Frischhaltedose geben und die Marinade in ein gut schließendes Schraubglas füllen. Im Büro die Marinade kurz durchschütteln und zum Salat geben.

Für 1 Portion
1 Portion Feta
1 Portion Gemüse
(Rucola, rote Paprika-
schote, Kresse)
1 EL Bio-Apfelessig
50 ml Gemüsebrühe
Salz, Pfeffer

Sommersalat mit Mangodressing

Zubereitung

1. Den Käse in Würfel schneiden.

2. Gurke, Paprikaschote und Frühlingszwiebel waschen, putzen und klein schneiden. Eisbergsalat und Radicchio waschen, trockenschwenken und klein zupfen. Die Oliven in Scheiben schneiden.

3. Alle vorbereiteten Zutaten in eine Frischhaltedose geben.

4. Für das Dressing die Mango schälen, das Fruchtfleisch vom Stein lösen, klein schneiden und pürieren. Mit Salz, Pfeffer und Essig würzen. Kurz vor dem Verzehr das Dressing über den Salat geben.

Tipp In Phase 3 den Salat mit Maracujaessig verfeinern.

Für 1 Portion
1 Portion Feta
1 Portion Gemüse (Salatgurke, gelbe Paprikaschote, Frühlingszwiebel, Eisbergsalat, Radicchio, grüne Oliven)
1 Portion Mango
Salz, Pfeffer
1 EL Bio-Apfelessig

Blumenkohlsalat mit Ziegenkäse (Foto)

Zubereitung

1. Den Blumenkohl putzen, waschen und in Röschen teilen. Die Paprikaschote waschen, putzen und in feine Streifen schneiden. Wenig Salzwasser erhitzen und darin Blumenkohl und Paprika knapp gar dünsten. Herausnehmen, abtropfen und abkühlen lassen.

2. Die Oliven in Scheiben schneiden. Die Kapern abtropfen lassen. Den Käse in Würfel schneiden. Oliven, Kapern, Käse und Petersilie unter das Gemüse mischen.

3. Für die Salatsauce Gemüsebrühe, Essig, Salz und Pfeffer verquirlen.

4. Die Salatsauce zur Käse-Gemüse-Mischung geben und den Salat mindestens 2 Stunden im Kühlschrank ziehen lassen.

Tipp Den Salat am Abend zuvor zubereiten.

Für 1 Portion
1 Portion Gemüse (Blumenkohl, Paprikaschote, grüne Oliven)
1 EL Kapern
1 Portion Ziegenkäse
1 EL frisch gehackte Petersilie
50 ml Gemüsebrühe
1 EL Bio-Apfelessig
Salz, Pfeffer

Blumenkohlsalat mit Ziegenkäse – Feines für den Gaumen.

Gefüllter Mozzarella

Für 1 Portion
1 Portion Mozzarella
1 Portion Gemüse
(1/2 Tomate, Zucchini, 2–3 Salatblätter)
Salz, Pfeffer

Zubereitung

1. Mozzarella von der Mitte her vorsichtig aushöhlen; es sollte ein Rand von mindestens 1 Zentimeter stehen bleiben. Den herausgeschnittenen Käse in kleine Würfel schneiden.

2. Tomate klein schneiden. Zucchini waschen, putzen und in feine Würfel schneiden. Beides miteinander vermischen, salzen und pfeffern. Eine Pfanne ohne Öl erhitzen und darin die Tomaten-Zucchini-Mischung kurz andünsten. Herausnehmen und abkühlen lassen.

3. Die Salatblätter waschen, abtropfen lassen und entweder in eine Frischhaltedose oder auf einen Teller legen. Den ausgehöhlten Mozzarella mit der Gemüsemischung füllen und auf die Salatblätter legen. Die Käsewürfel darüber streuen.

Eingelegter Ziegenkäse

Für 1 Portion
1 Portion Ziegenkäse
1 Zwiebel
50 ml Gemüsebrühe
1 EL Bio-Apfelessig
Salz, Pfeffer

Zubereitung

1. Den Käse in Scheiben schneiden und in eine Frischhaltedose legen.

2. Die Zwiebel abziehen, in dünne Scheiben schneiden und auf den Käse legen.

3. Für das Dressing die Gemüsebrühe mit dem Essig verrühren und mit Salz und Pfeffer würzen. Das Dressing über den Käse gießen.

4. Den Käse 1 bis 2 Stunden ziehen lassen.

Tipp Das Gericht kann abends gut vorbereitet werden, denn es schmeckt umso besser, je länger der Ziegenkäse durchziehen kann. Dazu passt ein Rohkostsalat, etwa aus Blattsalaten, Möhre, Salatgurke, Radieschen und/oder Rettich.

Gemüsemuffins

Zubereitung

1. Den Porree und die Paprikaschote waschen, putzen und klein schneiden. Einen Topf mit der Gemüsebrühe erhitzen und darin das Gemüse etwa 5 Minuten kochen. Herausnehmen und nach Bedarf abtropfen lassen.

2. Die Eier verquirlen und mit Salz und Pfeffer würzen. Das Gemüse und die Petersilie unterrühren.

3. Den Backofen auf 200 °C (Umluft 180 °C, Gas Stufe 3–4) vorheizen.

4. Eine Muffinform mit der Eier-Gemüse-Masse füllen und in den heißen Backofen stellen. Die Muffins etwa 40 Minuten backen.

Tipp Gleich eine größere Menge zubereiten, denn die Muffins schmecken kalt sehr lecker und sind in der Familie sehr beliebt.

Für 1 Portion

1 Portion Gemüse (Porree, Paprikaschote)

100 ml Gemüsebrühe

1 Portion Ei (2 Eier)

Salz, Pfeffer

1 EL frisch gehackte Petersilie

Metabolische Pizza

Zubereitung

1. Das Brot kurz toasten. Den Knoblauch abziehen und hacken. Das Gemüse waschen, putzen und klein schneiden. Den Käse in Scheiben schneiden.

2. Eine Pfanne ohne Öl erhitzen und darin das Gemüse mit dem Knoblauch andünsten. Mit der Brühe würzen.

3. Den Backofen auf 200 °C (Umluft 180 °C, Gas Stufe 3–4) vorheizen. Ein Backblech mit Backpapier auslegen.

4. Das getoastete Brot auf das Backblech legen. Das Gemüse auf dem Toast verteilen. Oregano darüber streuen. Die Käsescheiben auflegen.

5. Das Brot 10 Minuten überbacken. Mit Basilikum garnieren.

Für 1 Portion

1 Portion Roggenvollkornbrot

1 Knoblauchzehe

1 Portion Gemüse (Paprikaschote, 1/2 Tomate, Zucchini, Aubergine)

1 Portion Mozzarella

1/4 TL gekörnte Gemüsebrühe (Glas)

Oregano

Basilikum

Mit Fleisch und Fisch

Fleisch, Geflügel sowie Fisch und Meeresfrüchte bieten hochwertige Nährstoffe wie Eiweiß, Omega-3-Fettsäuren und Mineralstoffe. Bauen Sie diese Eiweißträger daher regelmäßig in Ihren Mahlzeitenplan ein. Verwenden Sie dabei nur ausgesuchte Ware (ab Seite 29 können Sie nachlesen, woran Sie frische Produkte erkennen) und achten Sie beim Transport darauf, dass diese Lebensmittel möglichst gekühlt bleiben. Bereiten Sie sie mit schonenden Garmethoden wie Dämpfen, Dünsten, Grillen oder auch im Wok zu, um die Inhaltsstoffe weitestgehend zu erhalten. Dies gilt auch für die Gemüseportion. Damit die Speisen am Abend nicht zu schwer im Magen liegen, helfen frische Kräuter, Gewürze und bestimmte Gemüsearten wie Fenchel, Chicorée und Chinakohl. Durch ihren Bitterstoffgehalt werden die Verdauungssäfte aktiviert und somit der Stoffwechsel angekurbelt.

Ein Thermotopf ist eine sinnvolle Anschaffung, etwa für die Zubereitung von Gulasch. Er spart Zeit und Strom, da man das Fleisch aufkochen lässt und dieses bis zum Verzehr ziehen kann.

Das eiweißspaltende Enzym Papain der Papaya macht das Kalbsgulasch so zart.

Ingwer-Rinderfilet

Zubereitung

1. Die Pilze putzen und klein schneiden. Die Tomate klein würfeln.

2. Chilischote putzen und schräg in Ringe schneiden. Ingwer schälen und in Würfel schneiden. Knoblauch abziehen und fein hacken.

3. Rinderfilet kalt abspülen, trockentupfen und in Streifen schneiden. Eine Pfanne erhitzen und darin das Fleisch mit der Zwiebel anbraten.

4. Kräuterseitlinge, Chili, Ingwer und Knoblauch zum Fleisch geben. Mit der Gemüsebrühe ablöschen. Die Tomatenwürfel untermischen und mit Pfeffer würzen.

Info Dieses Gericht mit den aromatischen Pilzen schmeckt auch kalt, vor allem, wenn man noch etwas Apfelessig dazu gibt.

Für 1 Portion
1 Portion Gemüse (Kräuterseitlinge, 1/2 Tomate, 1 EL gewürfelte rote Zwiebel)
Chilischote
Ingwer
1 Knoblauchzehe
1 Portion Rinderfilet
50 ml Gemüsebrühe
Pfeffer

Kalbsgulasch (Foto)

Zubereitung

1. Das Kalbfleisch kalt waschen, trockentupfen und klein schneiden. Knoblauch abziehen und fein würfeln.

2. Einen Thermotopf ohne Öl erhitzen und darin das Fleisch anbraten. Zwiebel und Knoblauch dazugeben und mitrösten. Mit etwas Wasser ablöschen und die Gewürze dazugeben. Einreduzieren lassen, bis sich der Topfboden braun färbt. Das restliche Wasser dazugeben.

3. Die Papaya schälen und die Samen entfernen. Das Fruchtfleisch klein würfeln und zum Fleisch geben. Das Gulasch bei schwacher Hitze gut 1 Stunde kochen. Majoran und Thymian dazugeben.

Tipp Lässt sich gut vorbereiten und im Thermotopf mitnehmen.

Für 1 Portion
1 Portion Kalbfleisch
1 Knoblauchzehe
1 EL gewürfelte Zwiebel
200 ml Wasser
Salz, Pfeffer
Currypulver
Paprikapulver
Chilipulver
1/2 TL gekörnte Gemüsebrühe (Glas)
1 Portion Papaya
Majoran
Thymian

Grüner Spargel mit Steakstreifen

Zubereitung

1. Den Spitzkohl putzen, dabei den Strunk keilförmig herausschneiden und in Stücke schneiden. Die Möhre waschen, schälen und in Stifte schneiden. Den Spargel waschen, nach Bedarf nur das untere Drittel der Stangen schälen und die Enden knapp abschneiden. Die Spargelstangen in schräge Streifen schneiden.

2. Einen Wok ohne Fett erhitzen, darin das Fleisch anbraten und wieder herausnehmen. Möhre, Zwiebel und Sesam in den Wok geben und 4 Minuten braten. Spargel und Kohl zugeben und anbraten.

3. Das Fleisch in Streifen schneiden, wieder in den Wok geben und kurz darin erwärmen. Den Wokinhalt mit den Gewürzen verfeinern.

Tipp Fisch so zubereiten und im Büro mit einem kleinen Bambus-Dampfgarer oder einem ausgedienten Waffeleisen aufwärmen.

Gemüsehackpfanne

Zubereitung

1. Das Gemüse waschen. Den Blumenkohl in Röschen teilen. Die Möhre schälen und klein schneiden. Die Enden der Bohnen abknipsen. Den Knoblauch abziehen und grob hacken.

2. Eine Pfanne ohne Öl erhitzen und darin das Hackfleisch anbraten. Die Zwiebel kurz mitbraten. Das Gemüse dazugeben und mit etwas Wasser zugedeckt dünsten, bis es weich ist. Gelegentlich umrühren.

3. Mit Knoblauch, Salz, Pfeffer und Brühe würzen. Petersilie zugeben.

Tipp Größere Mengen zubereiten und portionsweise einfrieren.

Auberginenröllchen mit Hack

Zubereitung

1. Die Aubergine waschen, putzen, längs in 1/2 Zentimeter dicke Scheiben schneiden und salzen. Eine Pfanne ohne Öl erhitzen und darin die Auberginenscheiben von jeder Seite anbraten. Mit Pfeffer würzen. Herausnehmen und auf Küchenkrepp ablegen.

2. Spinat waschen und gut abtropfen lassen. Tomate würfeln. Knoblauch abziehen und fein hacken. Chilischote in feine Ringe schneiden.

3. Die Pfanne erneut ohne Fett erhitzen und darin das Hackfleisch anbraten. Mit Gemüsebrühepulver, Chili und Knoblauch würzen. Spinat und Tomate dazugeben und alles vermischen.

4. Die Hackfleischmasse auf die Auberginenscheiben geben, diese aufrollen und mit Zahnstochern befestigen. In der Pfanne nochmals kurz anbraten und mit den Schnittlauchröllchen bestreuen.

Für 1 Portion

1 Portion Gemüse (Aubergine, Spinat, 1/2 Tomate)

Salz, Pfeffer

1 Knoblauchzehe

1 kleine frische Chilischote

1 Portion Hackfleisch (Geflügel- oder Rindfleischtatar)

1/2 TL gekörnte Gemüsebrühe (Glas)

Schnittlauchröllchen

Außerdem: Zahnstocher

Sellerielasagne

Zubereitung

1. Eine Pfanne ohne Öl erhitzen und darin das Hackfleisch anbraten Mit Salz, Pfeffer, Oregano und Gemüsebrühepulver würzen.

2. Frühlingszwiebel waschen, putzen und in Scheiben schneiden. Tomate würfeln. Sellerie putzen, schälen und dünn hobeln. Möhre waschen, schälen und raspeln. Knoblauch abziehen und hacken.

3. Den Backofen auf 175 °C (Umluft 155 °C, Gas Stufe 2) vorheizen.

4. Gemüse und Hackfleisch in eine Auflaufform schichten. Die Lasagne im Backofen etwa 30 Minuten backen. Mit Basilikum garnieren.

Tipp Statt Knollensellerie Zucchini oder Kohlrabi nehmen.

Für 1 Portion

1 Portion Hackfleisch (Pute, Schwein oder Tatar)

Salz, Pfeffer

Oregano

1/2 TL gekörnte Gemüsebrühe (Glas)

1 Portion Gemüse (Frühlingszwiebel, 1/2 Tomate, Knollensellerie, Möhre)

1 Knoblauchzehe

Basilikum

Für 1 Portion

1 Portion Rinderfilet

Salz, Pfeffer

1 Portion Gemüse
(Rote Bete, Pastinake,
1 EL gewürfelte rote
Zwiebel)

Anis

Senfpulver

Rinderfilet mit Rote-Bete-Sauce ist auch optisch ein Genuss.

Rinderfilet mit Rote-Bete-Sauce (Foto)

Zubereitung

1. Das Rinderfilet waschen und trockentupfen. Eine Pfanne ohne Öl erhitzen und darin das Rinderfilet von beiden Seiten anbraten. Salzen, pfeffern und warm halten.

2. Für die Sauce Rote Bete und Pastinake waschen, schälen und grob schneiden. Beides zusammen in etwas Wasser mit Salz kochen.

3. Die Zwiebel mit etwas Wasser dünsten. Rote Bete, Pastinake und Zwiebel pürieren und mit Anis, Salz und Senfpulver würzen. Das Püree in die Pfanne geben, nochmals aufkochen und abschmecken.

4. Das Fleisch mit der Gemüsesauce zum Mitnehmen einpacken.

Für 1 Portion

1 Portion Gemüse
(Spitzkohl oder Chinakohl, 1 EL gewürfelte Zwiebel)

1 Knoblauchzehe

1 Portion Hackfleisch
(Geflügel)

Salz, Pfeffer

grüner Curry
(Gewürzmischung)

100 ml Gemüsebrühe

Schichtkohl

Zubereitung

1. Den Kohl waschen, putzen und in dünne Streifen schneiden. Den Knoblauch abziehen und fein hacken.

2. Eine Pfanne ohne Öl erhitzen und darin die Zwiebel mit etwas Wasser andünsten. Den Knoblauch dazugeben und kurz mitrösten. Das Hackfleisch untermischen und unter Rühren etwas anbraten. Mit Salz, Pfeffer und grünem Curry würzen.

3. Den Backofen auf 175 °C (Umluft 155 °C, Gas Stufe 2) vorheizen.

4. In eine Auflaufform abwechselnd Kohlstreifen und Hackfleisch schichten. Die Gemüsebrühe dazugießen. Die Form zugedeckt in den heißen Backofen schieben. Das Gericht etwa 20 Minuten garen.

Tipp Kohl wird leichter verdaulich und riecht nicht so streng, wenn man Kümmel oder Fenchel mitgart.

Provenzalisches Gemüse mit Lamm

Für 1 Portion

1 Portion Gemüse
(Paprikaschote,
Aubergine, Zucchini,
1/2 Tomate, 1 EL
gewürfelte Zwiebel)
1 Knoblauchzehe
Salz, Pfeffer
Kräuter der Provence
1 Portion Lammfilet

Zubereitung

1. Paprikaschote, Aubergine und Zucchini waschen, putzen und wie die Tomate würfeln. Den Knoblauch abziehen und hacken.

2. Eine Pfanne ohne Öl erhitzen und darin die Zwiebel mit wenig Wasser andünsten. Knoblauch und Paprika dazugeben und unter Rühren mitbraten. Nach 3 Minuten die Zucchini- und Auberginenwürfel und nach weiteren 3 Minuten die Tomatenwürfel dazugeben. Das Gemüse mit Salz, Pfeffer und Kräutern würzen und ziehen lassen.

3. Das Fleisch kalt waschen, trockentupfen und separat ohne Fett anbraten. Salzen, pfeffern und kurz auf dem Gemüse ziehen lassen.

Tipp Zum Garen ohne Fett vorab Bratpapier in die Pfanne legen.

Gegrilltes Carpaccio

Für 1 Portion

1 Zweig frischer
Rosmarin
1 Knoblauchzehe
Korianderkörner
Salz, Pfeffer
Oregano
1 Portion Schweinelende
1 Portion Gemüse
(Kräuterseitlinge,
Zucchini)
Basilikum

Zubereitung

1. Rosmarinnadeln abzupfen und klein schneiden. Knoblauch abziehen und hacken. Korianderkörner, Salz, Pfeffer, Oregano und Knoblauch in einem Mörser vermahlen. Auf einen Teller geben.

2. Fleisch waschen, trockentupfen und in der Mischung wenden.

3. Die Pilze feucht abreiben, putzen und in Scheiben schneiden. Zucchini waschen, putzen und in Scheiben schneiden.

4. Eine Pfanne ohne Öl erhitzen und darin das Fleisch rundherum anbraten. Herausnehmen und warm halten. Die Pilze und die Zucchini in der Pfanne anbraten und mit Salz und Pfeffer würzen.

5. Das Fleisch in dünne Scheiben schneiden, mit dem Gemüse belegen und mit Basilikum garnieren.

Putenschnitzel mit Erdbeersalsa

Zubereitung

1. Das Putenschnitzel kalt waschen, trockentupfen, salzen, pfeffern und mit Senfpulver bestreuen. Eine Pfanne ohne Öl erhitzen und darin das Fleisch von beiden Seiten braten. Aus der Pfanne nehmen und warm halten. Den Bratensatz in der Pfanne belassen.

2. Für die Salsa die Chilischote putzen und klein schneiden. Erdbeeren waschen, putzen und etwas klein schneiden. Zwiebel abziehen und in feine Streifen schneiden. Die drei Zutaten mit dem grünen Pfeffer, etwas Salz und der Limettenschale im Bratensatz dünsten.

3. Fleisch und Sauce separat einpacken und im Büro aufwärmen.

Tipp Erdbeersalsa passt auch zu Rind-, Kalb- und Straußenfleisch sowie zu gebratenem Fisch.

Für 1 Portion
1 Portion Puten-
schnitzel
Salz, Pfeffer
Senfpulver
1/4 frische Chili-
schote
1 Portion Erdbeeren
1 kleine rote Zwiebel
grüner Pfeffer
abgeriebene Schale
von 1 Limette (unbe-
handelt)

Putenpfanne Budapest

Zubereitung

1. Pilze feucht abreiben, putzen und vierteln. Frühlingszwiebel und Paprikaschote waschen, putzen und klein schneiden.

2. Die Putenbrust kalt waschen, trockentupfen und in schmale Streifen schneiden. Eine Pfanne ohne Öl erhitzen und darin das Fleisch anbraten. Pilze und Paprika dazugeben, mit Salz, Pfeffer und Brühe würzen und gut 5 Minuten mitbraten. Frühlingszwiebelringe dazugeben und alles nochmals aufkochen lassen. Mit Oregano bestreuen.

Tipp Zum Mitnehmen das Gericht ohne Pilze zubereiten und diese separat einpacken. Die Pilze erst beim Aufwärmen dazugeben.

Für 1 Portion
1 Portion Gemüse
(Champignons, Früh-
lingszwiebel, Paprika-
schote)
1 Portion Putenbrust
Salz, Pfeffer
1/2 TL gekörnte
Gemüsebrühe (Glas)
Oregano

Hähnchenragout mit Gemüse

Zubereitung

1. Das Hähnchenbrustfilet kalt waschen und trockentupfen. Eine Pfanne ohne Öl erhitzen und darin das Fleisch von beiden Seiten braten. Mit Salz würzen und in Stücke schneiden.

2. Den Kohlrabi putzen, schälen, in Spalten schneiden und in Salzwasser blanchieren. Die Kaiserschoten waschen, putzen und in mundgerechte Stücke schneiden. In der Pfanne kurz anbraten.

3. Im Büro die Gemüsebrühe aufkochen und das Gemüse und das Fleisch darin erwärmen. Vor dem Verzehr mit Schnittlauch bestreuen.

Für 1 Portion
1 Portion Hähnchenbrustfilet
Salz
1 Portion Gemüse (Kohlrabi, Kaiserschoten)
100 ml Gemüsebrühe
Schnittlauchröllchen

Gefüllte Hühnerbrust (Foto)

Zubereitung

1. Den Spinat waschen, blanchieren, abschrecken, ausdrücken und klein schneiden. Den Knoblauch abziehen und hacken.

2. Einen Topf erhitzen und darin die Zwiebel in etwas Wasser andünsten. Den Knoblauch mitrösten, den Spinat dazugeben und mit Salz, Pfeffer und Gemüsebrühepulver würzen

3. Den Backofen auf 100 °C (Umluft 80 °C, Gas Stufe 1) vorheizen.

4. Hühnerbrust waschen, trockentupfen und waagerecht eine Tasche so einschneiden, dass die beiden Hälften hinten noch zusammenhängen. Zwei Drittel des Spinats einfüllen. Das Fleisch würzen. Eine feuerfeste Pfanne ohne Öl erhitzen und darin die gefüllte Hühnerbrust anbraten. Im Backofen etwa 10 Minuten nachziehen lassen.

5. Das Fruchtfleisch der Avocado aus der Schale lösen. Mit dem restlichen Spinat pürieren, würzen und kurz erwärmen (nicht kochen!). Die Sauce mit dem Fleisch anrichten.

Für 1 Portion
1 Portion Gemüse (Spinat, 1 EL gewürfelte Zwiebel, Avocado)
1 Knoblauchzehe
Salz, Pfeffer
1/2 TL gekörnte Gemüsebrühe (Glas)
1 Portion Hühnerbrust

Die gefüllte Hühnerbrust mit Avocadosauce ist auch ein feines Abendgericht.

Scharfe indische Fischsuppe

Für 1 Portion
1 Portion Kabeljau
1 Portion Gemüse
(Porree, Knollensellerie, Möhre, Zwiebel)
1 Knoblauchzehe
Ingwer
1/2 Chilischote
Salz, Pfeffer
100 ml Gemüsebrühe
Koriandergrün
Liebstöckel

Zubereitung

1. Den Fisch waschen, trockentupfen und in Würfel schneiden.

2. Das Gemüse waschen, putzen bzw. schälen und die Putzabfälle für die Brühe aufheben. Gemüse klein würfeln. Knoblauch abziehen, Ingwer schälen, Chilischote putzen und alles klein schneiden.

3. Für die Brühe die Putzabfälle in 300 Milliliter Wasser mit Salz, Pfeffer, Knoblauch, Ingwer und Chili 15 Minuten lang auskochen.

4. In einem zweiten Topf die Zwiebel andünsten, das gewürfelte Gemüse dazugeben und 5 Minuten mitdünsten. Die Fischwürfel zufügen und 5 Minuten mitgaren. Mit der Gemüsebrühe ablöschen.

5. Den Sud der ausgekochten Schalen und Gewürze abseihen und zur Suppe geben. Alles aufkochen. Kräuter fein hacken und zugeben.

Kürbis-Papaya-Suppe mit Shrimps

Für 1 Portion
1 Portion Gemüse
(Kürbis, Pastinake, Sellerie)
1 Knoblauchzehe
frischer Ingwer
1/2 Chilischote
Salz, Pfeffer
Rosmarinzweig
200 ml Gemüsebrühe
1 Portion Papaya
1 Portion Shrimps (in Salzlake)
Dill

Zubereitung

1. Das Gemüse waschen, putzen, schälen und klein schneiden. Den Knoblauch abziehen und hacken. Ingwer schälen, Chilischote putzen und beides klein schneiden.

2. Einen Topf ohne Öl erhitzen und darin das Gemüse anbraten. Knoblauch, Ingwer, Chili, Salz, Pfeffer und Rosmarinzweig dazugeben. Mit der Brühe ablöschen und etwa 15 Minuten köcheln lassen.

3. Die Papaya schälen, entkernen und in kleine Stücke schneiden. Die Hälfte der Papayastücke in die Suppe geben. Den Rosmarinzweig entfernen und die Suppe mit einem Pürierstab pürieren.

4. Die Shrimps in die heiße Suppe dazugeben und kurz ziehen lassen.

5. Vor dem Verzehr die restliche Papaya und den Dill zufügen.

Fischgeschnetzeltes auf Gemüsebett

Zubereitung

1. Den Fisch kalt waschen, trockentupfen und eventuell vorhandene Gräten entfernen. In mundgerechte Stücke schneiden.

2. Das Gemüse waschen und putzen. Möhre und Sellerie schälen und in dünne Streifen schneiden. Einen Topf erhitzen und die Zwiebel in wenig Wasser andünsten. Gemüse und Zitronengras mitdünsten.

3. Den Fisch salzen, pfeffern und auf das Gemüse betten. Die Brühe angießen und alles etwa 15 Minuten köcheln lassen. Die Kräuter waschen, trockenschütteln, fein hacken und auf das Gericht streuen.

Für 1 Portion
1 Portion Pangasius
1 Portion Gemüse (Möhre, Knollensellerie, Porree, 1 EL gewürfelte Zwiebel)
Zitronengras
Salz, Pfeffer
50 ml Gemüsebrühe
Liebstöckel
Dill

Forellenfilet mit Apfelragout

Zubereitung

1. Den Fisch waschen, trockentupfen und von Gräten befreien. Den Kohlrabi putzen, schälen, den Apfel waschen, entkernen und beides in Würfel schneiden. Den Sauerampfer waschen und schneiden.

2. Eine Pfanne ohne Öl erhitzen und darin den Kohlrabi anschwitzen, salzen und pfeffern. Mit der Brühe ablöschen und köcheln lassen. Wenn der Fond verkocht ist, die Apfelstücke dazugeben und kurz mitschmoren. Das Ragout warm stellen.

3. Die Forelle würzen. In der heißen Pfanne ohne Öl mit der Hautseite nach oben etwa 3 Minuten braten, dabei nach Bedarf etwas Wasser dazugeben. Den Fisch wenden, Sauerampfer und Thymian darüber streuen. Den Fisch auf dem Apfel-Kohlrabi-Ragout anrichten.

Tipp Zum Mitnehmen geräuchertes Forellenfilet wählen und zu Hause nur das Apfelragout zubereiten. Den Fisch kalt dazu essen.

Für 1 Portion
1 Portion Forellenfilet (mit Haut)
1 Portion Kohlrabi
3 Blätter Sauerampfer
1 Apfel
Salz, Pfeffer
100 ml Gemüsebrühe
Thymian

Räucherlachs auf Zitronenbohnen

Für 1 Portion

1 Portion Gemüse
(Prinzessbohnen,
1 EL gewürfelte
Zwiebel)

Salz

1/2 EL Zitronensaft

50 ml Gemüsebrühe

Pfeffer

1 Portion Räucher-
lachs

1 Scheibe Zitrone

Zubereitung

1. Die Bohnen waschen und putzen. In einem Topf reichlich Wasser mit Salz aufkochen und darin die Bohnen 10 bis 15 Minuten garen.

2. Für das Dressing Zitronensaft, Gemüsebrühe und Zwiebel miteinander verrühren. Mit Salz und Pfeffer würzen.

3. Die Bohnen abgießen, mit dem Dressing mischen und 30 Minuten ziehen lassen.

4. Den Räucherlachs mit der Zitronenscheibe in einer Frischhaltedose anrichten und den Bohnensalat zugeben.

Spargel mit Riesengarnelen (Foto)

Für 1 Portion

1 Portion Spargel

Saft von 1 Zitrone

Salz

1 Portion Riesengar-
nelen (in Salzlake)

Pfeffer

1 EL Öl

(Worcestersoße ab
Phase 3)

1 Knoblauchzehe

Rucola

Zitronenmelisse

*Spargel mit Riesen-
garnelen ist ein feines
Sommergericht.*

Zubereitung

1. Den Spargel waschen, vom Kopf abwärts schälen, die Anschnittsflächen am Ende nach Bedarf frisch abschneiden. Die Spargelköpfe abschneiden und vorab bissfest garen, entweder in Salzwasser kochen oder in einem Dampfgarer dämpfen, indem man dessen Boden mit Wasser bedeckt und den Spargel in die Schale legt.

2. Den restlichen Spargel mit dem Spargelschäler in dünne Scheiben schneiden und mit 1 Esslöffel Zitronensaft und Salz würzen.

3. Die Garnelen mit Salz, Pfeffer, dem restlichen Zitronensaft (und Worcestersoße ab Phase 3) würzen. Knoblauch abziehen und dazupressen. Eine Pfanne erhitzen und darin die Garnelen braten.

4. Rucola waschen und in einer Frischhaltebox oder auf einem Teller anrichten. Die Spargelscheiben darauf geben und mit den Spitzen garnieren. Die Kräuter waschen, trockenschwenken und fein hacken. Die Garnelen auf dem Spargel anrichten und die Kräuter zufügen.

Für Vegetarier

Ob Sie sich für Fleisch, Fisch oder Vegetarisches entscheiden, ist eine Frage des Geschmacks. Allerdings macht es Sinn, Abwechslung in den Speiseplan einzubauen, da die verschiedenen Eiweißlieferanten unterschiedliche Nährstoffe bieten, die allesamt für den Organismus von großer Bedeutung sind. Klare Gemüsebrühe mit Tofu, Hülsenfrüchten oder Sprossen und Gemüse nach Plan liefern alle wichtigen Nährstoffe und schmecken auch am nächsten Tag sehr gut. Käsesorten zum Überbacken oder im Salat machen in Kombination mit dem Gemüse schnell satt und bedürfen keiner aufwendigen Zubereitung. Bereiten Sie am besten gleich mehrere Portionen zu, die Sie abends oder am Arbeitsplatz nur kurz aufzuwärmen brauchen oder auch kalt genießen können. Feine Rezepte für Wildreis mit Austernpilzen eignen sich zudem auch gut, um Gäste zu bewirten.

Auch Vegetarier brauchen Eiweiß für ihr Wohlbefinden. Sie nehmen es mit Hülsenfrüchten, Tofu, Milchprodukten und Käse auf.

Chinakohlwickel sind ideale Päckchen, um sich gesund außer Haus zu ernähren.

Chinakohlwickel (Foto)

Zubereitung

1. Von dem Chinakohl 2 große Blätter in Salzwasser blanchieren. Herausnehmen, abtropfen lassen und auf eine Arbeitsfläche legen.

2. Den Rest des Kohls in Streifen schneiden. Möhre waschen, schälen und raspeln. Porree waschen, putzen und in Streifen schneiden. Die Tomate würfeln. Petersilie waschen, trockenschütteln und hacken.

3. Die Zwiebel in wenig Wasser andünsten. Kohlstreifen, Möhrenraspel, Porreestreifen, Tomatenwürfel und Petersilie dazugeben. Mit Brühepulver, Salz und Pfeffer würzen.

4. Den Backofen auf 175 °C (Umluft 155 °C, Gas Stufe 2) vorheizen.

5. Den Käse zerbröseln und unter das Gemüse mischen. Die Mischung auf die ausgelegten Kohlblätter geben und deren Ränder einschlagen. Die Blätter zu Wickeln aufrollen. Die Krautwickel in eine feuerfeste Form geben und im heißen Backofen 15 Minuten garen.

Tipp Bei Bedarf etwas Wasser zum Garen dazugeben.

Für 1 Portion
1 Portion Gemüse (Chinakohl, Möhre, Porree, 1/2 Tomate, 1 EL gewürfelte Zwiebel)
Petersilie
1/2 TL gekörnte Gemüsebrühe (Glas)
Salz, Pfeffer
1 Portion Feta

Chicorée-Fenchel-Gratin

Zubereitung

1. Chicorée und Fenchel putzen, waschen und klein schneiden. Die Brühe erhitzen und darin das Gemüse knackig dünsten.

2. Den Backofen auf 180 °C (Umluft 160 °C, Gas Stufe 2–3) vorheizen.

3. Abwechselnd Gemüse und Käse in eine Auflaufform schichten. Das Gratin etwa 15 Minuten backen. Mit Schnittlauch bestreuen.

Tipp In ein Schraubglas geben und im Wasserkocher erwärmen.

Für 1 Portion
1 Portion Gemüse (Chicorée, Fenchel)
50 ml Gemüsebrühe
1 Portion Hüttenkäse
Schnittlauchröllchen

Gefüllte Champignons

Zubereitung

1. Die Champignons entstielen, abwischen und kurz in Salzwasser blanchieren. Den Blattspinat waschen, blanchieren, abschrecken, ausdrücken und klein schneiden. Die Tomate in kleine Würfel schneiden. Den Knoblauch abziehen und fein hacken.

2. Einen Topf erhitzen und darin die Tomatenwürfel mit dem Knoblauch anschwitzen. Mit Salz, Pfeffer und Brühe würzen. Den Spinat hinzufügen und kurz erwärmen.

3. Den Backofen auf 175 °C (Umluft 155 °C, Gas Stufe 2 vorheizen).

4. Die Champignons mit der Spinatmasse füllen. Den Mozzarella abtropfen lassen und in Scheiben schneiden. Die gefüllten Champignons in eine Auflaufform geben und mit Mozzarella belegen. In den heißen Backofen geben und 15 Minuten überbacken.

Pizza ohne Teigboden

Zubereitung

1. Die Aubergine waschen, in dünne Scheiben schneiden, salzen und 10 Minuten ruhen lassen, damit sie etwas Saft ziehen können.

2. Die Paprikaschote waschen, putzen und klein würfeln. Die Tomate ebenso in kleine Würfel schneiden. Den Mozzarella raspeln.

3. Den Backofen auf 225 °C (Umluft 205 °C, Gas Stufe 4–5) vorheizen. Ein Backblech mit Backpapier belegen.

4. Die Auberginenscheiben auf das Backblech legen und im heißen Backofen etwa 5 Minuten rösten. Herausnehmen und mit Oregano, Salz, Pfeffer und Brühepulver würzen. Den Käse auflegen und in 5 Minuten im Backofen überbacken. Mit Basilikum garnieren.

Gemüsegratin

Zubereitung

1. Blumenkohl und Brokkoli putzen, waschen und in kleine Röschen teilen. Möhre waschen, schälen und in Scheiben schneiden. Das Gemüse bissfest blanchieren und abtropfen lassen.

2. Den Backofen auf 175 °C (Umluft 155 °C, Gas Stufe 2) vorheizen.

3. Das Gemüse in eine Auflaufform geben. Mit Salz, Pfeffer und Brühe würzen. Den Käse in Scheiben schneiden und auf das Gemüse legen. Die Form in den heißen Backofen stellen und das Gemüse 15 Minuten gratinieren.

4. Petersilie und Schnittlauch waschen, trockenschwenken und fein hacken. Das Gratin vor dem Verzehr mit den Kräutern bestreuen.

Tipp Die Flüssigkeit vom Blanchieren auffangen, denn diese Gemüsebrühe kann man noch weiterverwenden, z. B. für eine Suppe.

Für 1 Portion
1 Portion Gemüse (Blumenkohl, Brokkoli, Möhre)
Salz, Pfeffer
1/2 TL Gemüsebrühe
1 Portion Mozzarella
Petersilie
Schnittlauch

Gebackener Schafskäse

Zubereitung

1. Den Backofen auf Grillstufe (250 °C) vorheizen. Die Paprikaschote waschen, halbieren und entkernen. Auf ein mit Backpapier ausgelegtes Backblech legen und grillen, bis sich die Haut braun verfärbt und Blasen wirft. Die Paprika herausnehmen, mit einem feuchten Geschirrtuch abdecken und auskühlen lassen.

2. Käse in den Kräutern panieren. Porree putzen, Schalotte abziehen, und beides mit der Tomate und der Peperoni klein schneiden.

3. Die Paprika häuten und in eine Auflaufform legen. Das Gemüse und den Käse darauf verteilen. Alles etwa 20 Minuten überbacken.

Für 1 Portion
1 Portion Gemüse (gelbe Paprikaschote, Porree, Schalotte, 1/2 Tomate, 1 milde Peperoni)
1 Portion Schafskäse
Kräuter der Provence

Auberginenrouladen (Foto)

Für 1 Portion
1 Portion Gemüse
(grüne Bohnen,
Aubergine)
Salz, Pfeffer
1/2 TL gekörnte
Gemüsebrühe (Glas)
1 Portion Ricotta
Majoran
Thymian

*Auberginenrouladen
schmecken auch kalt
sehr gut.*

Zubereitung

1. Die grünen Bohnen waschen, putzen, blanchieren, abgießen und abschrecken. Die Aubergine waschen, putzen, in dünne Scheiben schneiden, ebenfalls kurz blanchieren und abschrecken.

2. Den Backofen auf 180 °C (Umluft 160 °C, Gas Stufe 2–3) vorheizen.

3. Die Auberginenscheiben mit Salz, Pfeffer und Brühe würzen. Mit Ricotta bestreichen und mit den Kräutern bestreuen. Die grünen Bohnen darin einwickeln. Die Rouladen in eine Auflaufform legen.

4. Die Form in den heißen Backofen stellen und die Auberginenrouladen darin etwa 15 Minuten backen. Bei Bedarf wenig Wasser zugeben.

Gefüllte Zucchini mit Sauerkraut

Für 1 Portion
Schnittlauch
Petersilie
1 Portion Quark
Salz, Pfeffer
1 Portion Gemüse
(1/2 Tomate, Zuc-
chini, Sauerkraut)
125 ml Gemüsebrühe

Zubereitung

1. Schnittlauch waschen, trockentupfen und in Röllchen schneiden. Petersilie waschen, trockenschwenken und fein hacken. Den Quark mit Salz und Pfeffer würzen und die Kräuter untermischen.

2. Den Backofen auf 200 °C (Umluft 180 °C, Gas Stufe 3–4) vorheizen.

3. Die Tomate in kleine Würfel schneiden. Zucchini waschen, halbieren und aushöhlen. Das Ausgehöhlte klein schneiden und mit dem Sauerkraut vermischen. Die Tomatenwürfel unterheben. Das Sauerkraut mit der Brühe erhitzen.

4. Die ausgehöhlte Zucchini mit dem Kräuterquark füllen und im Backofen kurz überbacken, bis sie gar ist. Mit Sauerkraut verzehren.

Tipp Das Gericht vorbereiten, in den Kühlschrank stellen und abends einfach schnell im Backofen erwärmen.

Überbackenes Selleriesteak

Für 1 Portion
1 Portion Knollen-
sellerie (inklusive
Blattgrün)
Salz
Petersilie
Liebstöckel
1 Portion Ziegen-
frischkäse

Zubereitung

1. Den Sellerie putzen, schälen und in Scheiben schneiden. In Salz-wasser bissfest blanchieren. Herausheben und kalt abschrecken.

2. Den Backofen auf 200 °C (Umluft 180 °C, Gas Stufe 3–4) vorheizen.

3. Die Kräuter inklusive Blattgrün des Knollenselleries waschen, kurz trockenschwenken und fein hacken.

4. Den Käse mit einer Gabel zerdrücken und die Kräuter untermi-schen. Die Selleriescheiben mit der Käsepaste bestreichen und in eine Auflaufform legen. 12 Minuten im Backofen überbacken.

Tipp Zum Mitnehmen Gemüse und Käse separat einpacken und im Büro im Sandwichtoaster oder Kontaktgrill zubereiten.

Paprikaröllchen mit Schafskäse

Für 1 Portion
1 Portion Paprika-
schote (gelbe und
rote)
1 Portion Schafskäse

Zubereitung

1. Den Backofen auf Grillstufe (250 °C) vorheizen.

2. Paprikaschoten waschen, halbieren und entkernen. Auf ein mit Backpapier ausgelegtes Backblech legen und im Backofen etwa 15 Minuten grillen, bis die Haut Blasen wirft. Aus dem Backofen neh-men und mit einem feuchten Tuch abdecken, bis sie ausgekühlt sind. Die Haut abziehen und das Fruchtfleisch in breite Streifen schneiden.

3. Den Käse pürieren, auf die Paprika streichen und diese einrollen. In einer Frischhaltedose oder auf einem Teller anrichten.

Tipp Als Füllung statt Schafskäse Hüttenkäse mit Kräutern nehmen. Die Paprika kann auch mit Thunfisch oder Forelle gefüllt werden.

Bohnengemüse mit Frischkäse

Für 1 Portion

1 Portion Gemüse
(Buschbohnen, rote
Paprikaschote, 1 EL
gewürfelte Zwiebel)

1 Knoblauchzehe

1 Chilischote

1/4 TL gekörnte
Gemüsebrühe (Glas)

Salz, Pfeffer

scharfes Paprika-
pulver

Oregano

1 Portion Frischkäse

1 EL frisch gehackte
Petersilie

Zubereitung

1. Bohnen putzen und halbieren. Paprikaschote waschen, putzen und das Fruchtfleisch in Streifen schneiden. Knoblauch abziehen und fein hacken. Chilischote waschen, putzen und fein hacken.

2. Einen Topf ohne Fett erhitzen und darin die Zwiebeln mit etwas Wasser andünsten. Knoblauch kurz mitdünsten. Die Paprikastreifen dazugeben und kurz aufkochen, beiseite stellen.

3. Die Bohnen in Salzwasser 7 Minuten kochen, abgießen und zur Paprika geben. Mit Salz, Pfeffer, Chili, Paprikapulver und Oregano würzen und alles nochmals aufkochen.

4. Einen Löffel Frischkäse für die Eiweißportion vorab abnehmen und den Rest zum Bohnengemüse geben. Mit Petersilie bestreuen.

Fenchel-Paprika-Salat

Für 1 Portion

1 Portion Gemüse
(Fenchel, Paprika-
schote, 1 EL gewür-
felte Schalotte)

1 TL schwarzer
Sesam

1 Knoblauchzehe

1 Portion Quark

etwas Zitronensaft

Salz, Pfeffer

1 EL frisch gehackte
Petersilie

1/4 TL gekörnte
Gemüsebrühe (Glas)

Zubereitung

1. Den Fenchel waschen, putzen, den Strunk entfernen und die Knolle in dünne Streifen schneiden. Die Paprikaschote waschen, Stielansatz, Samen und Trennwände entfernen und das Fruchtfleisch ebenfalls in dünne Streifen schneiden.

2. Den Sesam in einer trockenen Pfanne anrösten, bis er hochspringt. Den Knoblauch abziehen und fein hacken.

3. Vom Quark einen Löffel für die Eiweißportion vorab abnehmen. Den restlichen Quark mit Zitronensaft, Salz, Pfeffer, Schalotte, Knoblauch, Petersilie und der Gemüsebrühe verrühren.

4. Die Quarkmischung unter das Gemüse mischen. Vor dem Verzehr mit dem Sesam bestreuen.

Wildreistaler mit Austernpilzen (Foto)

Für 1 Portion

1 Portion Wildreis
und Austernpilze

1 Portion Gemüse
(Porree, rote Paprika-
schote, 1 EL gewür-
felte Zwiebel)

1 Portion Roggen-
vollkornknäckebrot

Salz, Pfeffer

50 ml Gemüsebrühe

*Die Wildreistaler mit
Austernpilzen bieten
Abwechslung.*

Zubereitung

1. Wildreis nach Packungsangabe kochen und abtropfen lassen.

2. Austernpilze putzen und in Streifen schneiden. Gemüse waschen und putzen. Porree in feine Ringe, Paprika in feine Streifen schneiden.

3. Das Knäckebrot mit einem Handmixer zu Mehl verarbeiten.

4. Wildreis salzen, pfeffern und mit der Hälfte der Zwiebel und dem Mehl pürieren. Die Masse sollte möglichst fest sein. Taler formen.

5. Eine Pfanne ohne Öl erhitzen, ein Stück Bratpapier einlegen und darauf die Wildreistaler von beiden Seiten braten.

6. Eine zweite Pfanne ohne Öl erhitzen und darin die Pilze braten, Nach 2 Minuten das restliche Gemüse dazugeben und mitbraten. Würzen, mit der Brühe aufgießen und weitere 5 Minuten garen.

7. Wildreistaler mit den Austernpilzen in eine Frischhaltedose geben.

Chicoréeblätter mit Austernpilzen

Für 1 Portion

1 Portion Wildreis
und Austernpilze

1 Portion Roggen-
vollkornknäckebrot

1 Portion Gemüse
(Chicoréeblätter,
Chinakohl)

Salz, Pfeffer

100 ml Gemüsebrühe

Zubereitung

1. Den Wildreis nach Packungsangabe kochen und abtropfen lassen. Knäckebrot in einem Handmixer zu Mehl verarbeiten.

2. Chicoréeblätter ablösen, kurz in kochendes Wasser geben, herausnehmen und abtropfen lassen. Chinakohl waschen und putzen, Austernpilze putzen und beides in Streifen schneiden.

3. Wildreis, Mehl, Salz und Pfeffer kräftig pürieren. Aus der Masse Würstchen formen, in die Chicoréeblätter legen und diese aufrollen.

4. In einer heißen Pfanne ohne Fett den Chinakohl mit den Austernpilzen andünsten. Die Brühe angießen. Die gefüllten Chicoréeblätter darauf setzen und 5 Minuten mitgaren.

Thai-Suppe mit Sprossen

Für 1 Portion

1 Portion Gemüse
(Spinat, Frühlings-
zwiebel, 1/2 Tomate)
1 Portion Sprossen
1 Knoblauchzehe
frischer Ingwer
1/2 Stange Zitronen-
gras
1 rote Chilischote
Koriandergrün
300 ml Gemüse-
brühe
Salz, Pfeffer
1 TL Bio-Apfelessig

Zubereitung

1. Das Gemüse waschen und putzen. Spinat grob hacken, Frühlingszwiebel in feine Ringe schneiden, Tomate würfeln. Die Sprossen
abspülen und abtropfen lassen.

2. Den Knoblauch abziehen, Ingwer schälen und beides hacken. Zitronengras anklopfen. Chilischote waschen, putzen und fein hacken.
Koriandergrün waschen, trockenschwenken und fein hacken.

3. Einen Topf erhitzen und darin Knoblauch und Ingwer anbraten.
Mit Brühe aufgießen, aufkochen und 5 Minuten köcheln lassen.

4. Das Gemüse, das Zitronengras und die Sprossen in die Suppe
geben und 2 bis 3 Minuten bei schwacher Hitze ziehen lassen. Mit
Koriandergrün, Salz, Pfeffer, Chili und Essig würzen.

Tipp Ein paar Sprossen als Eiweißportion vorab essen.

Möhren-Fenchel-Topf mit Sprossen

Für 1 Portion

1 Portion Gemüse
(Möhre, Fenchel)
1 Knoblauchzehe
Salz, Pfeffer
1 Portion Linsen-
sprossen
1 EL frisch gehackte
Kräuter

Zubereitung

1. Möhre waschen, schälen und in dünne Scheiben schneiden. Fenchel putzen und in feine Stifte schneiden. Knoblauch abziehen und
in feine Scheiben schneiden.

2. Eine Pfanne ohne Öl erhitzen und darin den Knoblauch anrösten. Das Gemüse dazugeben. Mit Salz und Pfeffer kräftig würzen.
200 Milliliter Wasser zugeben und alles bei schwacher Hitze 15 Minuten köcheln lassen.

3. Die Sprossen kurz abspülen, abtropfen lassen, zum Gemüse geben
und kurz mitziehen lassen. Mit frischen Kräutern bestreuen.

Tofusuppe mit Weißkohl

Zubereitung

1. Den Tofu in Würfel schneiden. Weißkohl, Möhre und Pastinake putzen bzw. schälen und in feine Streifen hobeln.

2. Einen Topf ohne Fett erhitzen und darin Zwiebel und Tofu leicht andünsten. Das Gemüse dazugeben und kurz mitdünsten. Die Gemüsebrühe angießen und alles etwa 10 Minuten bei schwacher Hitze garen lassen. Mit Salz und Pfeffer würzen.

3. Den Schnittlauch waschen, trockentupfen, in Röllchen schneiden und in die Suppe geben.

Für 1 Portion
1 Portion Tofu
1 Portion Gemüse (Weißkohl, Möhre, Pastinake, 1 EL gewürfelte Zwiebel)
300 ml Gemüsebrühe
Salz, Pfeffer
Schnittlauch

Tofu-Gulasch

Zubereitung

1. Für die Marinade den Knoblauch abziehen und zerdrücken. Gemüsebrühe, Zitronenschale, Zitronensaft, Knoblauch, Rosmarin und Thymian in einer flachen Schale miteinander vermischen.

2. Den Tofu abtropfen lassen, mit Küchenpapier trockentupfen und in Würfel schneiden. Die Tofuwürfel in die Marinade geben, gründlich darin wälzen und etwa 30 Minuten marinieren.

3. Inzwischen die Paprikaschoten waschen, putzen und würfeln. Die Zwiebel abziehen und in Streifen schneiden. Die Zucchini waschen, Champignons putzen und beides in Scheiben schneiden.

4. Eine Pfanne ohne Öl erhitzen und darin die Zwiebel in wenig Wasser andünsten, bis sie glasig ist. Paprika, Zucchini und Pilze dazugeben und alles bissfest garen. Zum Schluss den Tofu untermischen.

Tipp In Phase 3 die Marinade auch mit Walnussöl zubereiten.

Für 1 Portion
1 Knoblauchzehe
50 ml Gemüsebrühe
abgeriebene Schale und Saft von 1/2 Zitrone
1/2 TL gehackter Rosmarin
1/2 TL gehackter Thymian
1 Portion Tofu
1 Portion Gemüse (gelbe und rote Paprikaschoten, Zwiebel, Zucchini, Champignons)

Scharfes Sprossengemüse (Foto)

Für 1 Portion

1 Portion Gemüse
(Möhre, Zucker-
schoten, Frühlings-
zwiebel)
1 Portion Soja-
sprossen
1 Knoblauchzehe
frischer Ingwer
1 rote Chilischote
70 ml Gemüsebrühe
1 EL Bio-Apfelessig
Pfeffer
1 Portion Mango
Koriandergrün

Zubereitung

1. Die Möhre waschen, putzen, schälen und in Scheiben schneiden.
Die Zuckerschoten waschen, putzen und in Stücke schneiden. Die
Frühlingszwiebel waschen, putzen und in Ringe schneiden.

2. Die Sojasprossen unter fließendem kaltem Wasser abspülen und
abtropfen lassen. Den Knoblauch abziehen, den Ingwer schälen und
beides fein hacken. Die Chilischote waschen, nach Bedarf die Samen
entfernen und das Fruchtfleisch in Ringe schneiden.

3. Die Gemüsebrühe mit Essig und Pfeffer verrühren.

4. Einen Wok erhitzen und darin Chili, Knoblauch und Ingwer unter
Rühren kräftig anbraten. Möhrenscheiben, Zuckerschoten, Frühlingszwiebel und Sojasprossen nacheinander dazugeben und mitbraten.
Den Wok mit seinem Deckel verschließen und das Sprossengemüse
bei mittlerer Hitze in etwa 6 Minuten bissfest dünsten.

5. Die Mango schälen, das Fruchtfleisch vom Stein lösen und in kleine Würfel schneiden. Das Koriandergrün waschen, trockenschwenken und fein hacken. Die Mangowürfel und das Koriandergrün zum
Sprossengemüse geben.

Tipp Das Gericht je nach Bedarf in eine Frischhaltedose für den
Außer-Haus-Verzehr geben oder auf einem Teller zum Sofortverzehr
anrichten. Als Erstes ein paar Sprossen als Eiweißportion vorab essen.

Info Koriandergrün ist das zarte Grün der Korianderpflanze, deren
Samen wir als Gewürz kennen. Koriandergrün, auch Cilantro genannt,
wird nur frisch verzehrt, denn jegliche Hitzeeinwirkung zerstört sein
markantes Aroma. Cilantro wird viel in Asien und Lateinamerika verwendet, etwa so häufig wie bei uns die Petersilie.

*Das Sprossengemüse
kann auch mal als
Sonntagsgericht
zubereitet werden.*

Farinata Champignonata

Für 1 Portion

1 Portion Kicher-
erbsenmehl

Salz, Pfeffer

1 Portion Gemüse
(Champignons,
Frühlingszwiebel)

frische Kräuter

Zubereitung

1. Das Kichererbsenmehl mit etwas Wasser anrühren und über Nacht ziehen lassen. Am nächsten Morgen den Schaum abschöpfen. Die Masse salzen und pfeffern.

2. Den Backofen auf Grillstufe (250 °C) vorheizen.

3. Die Champignons feucht abreiben, putzen und in Scheiben schneiden. Die Frühlingszwiebel waschen, putzen und klein schneiden.

4. Eine Pfanne ohne Öl erhitzen und darin die Pilze anbraten. Die Frühlingszwiebel dazugeben. Salzen, pfeffern und warm halten.

5. Aus dem Kirchererbsenteig dünne Fladen formen und unter dem Grill knusprig backen. Mit den Champignons belegen und mit den Kräutern bestreuen.

Tipp In Phase 3 die Fladen auch mit Knoblauchöl bestreichen. Statt Champignons einen bunten Salat dazu essen. Oder für Kinder die Fladen mit einem süßen Brotaufstrich bestreichen.

Kichererbsen-Szegediner

Für 1 Portion

1 Portion Kicher-
erbsen (Dose)

1 Portion Gemüse
(1 EL gewürfelte
Schalotte,
Sauerkraut)

1/4 TL Paprikapulver

1/4 TL Kümmel

1 Messerspitze gerie-
bene Muskatnuss

100 ml Gemüsebrühe

Zubereitung

1. Die Kichererbsen in einem Sieb abspülen und abtropfen lassen.

2. Eine Pfanne ohne Öl erhitzen und darin die Schalotte dünsten. Das Sauerkraut zufügen. Mit Paprikapulver, Kümmel und Muskatnuss würzen. Die Brühe angießen und das Sauerkraut kurz erhitzen.

3. Die Kichererbsen dazugeben und kurz miterhitzen.

Tipp Paprikastreifen, Radicchio oder Weißkohl als Gemüse nehmen.

Kichererbseneintopf mit Aprikosen

Zubereitung

1. Die Kichererbsen über Nacht in kaltem Wasser einweichen. Am nächsten Tag das Einweichwasser abgießen und die Kichererbsen in frischem Wasser etwa 60 Minuten kochen, bis sie weich sind.

2. Kürbis von Schale und Samen befreien. Porree und Petersilienwurzel waschen, putzen bzw. schälen. Das Gemüse klein schneiden.

3. Einen Topf erhitzen und darin die Zwiebel dünsten. Restliches Gemüse dazugeben, kurz dünsten und würzen. Die Gemüsebrühe zugießen und den Eintopf 15 Minuten garen. Einen Teil der Kichererbsen pürieren und alle in den Topf geben.

4. Die Aprikosen waschen, entkernen, klein schneiden und zum Eintopf geben. Alles nochmals aufkochen.

Tipp In Phase 3 den Eintopf mit geröstetem Sesam verfeinern.

Für 1 Portion
1 Portion Kichererbsen
1 Portion Gemüse (Kürbis, Porree, Petersilienwurzel, 1 EL gewürfelte Zwiebel)
Salz, Pfeffer
Zimt
Kurkuma
Nelke
Piment
250 ml Gemüsebrühe
1 Portion Aprikosen

Adzukibohnensalat

Zubereitung

1. Die Bohnen über Nacht in kaltem Wasser einweichen. Am nächsten Tag das Einweichwasser abgießen und die Bohnen in frischem Wasser in etwa 40 Minuten gar kochen.

2. Das Gemüse waschen, putzen und schneiden. Knoblauch abziehen und hacken. Das Fruchtfleisch der Mango klein schneiden.

3. Die Gewürze in einem Mörser zerreiben und in einer Pfanne ohne Fett anrösten. Das Gemüse dazugeben und kurz dünsten, den Essig untermischen und mit dem Gemüsebrühepulver würzen.

4. Bohnen und Mango untermischen und den Salat ziehen lassen.

Für 1 Portion
1 Portion Adzukibohnen
1 Portion Gemüse (Zucchini, Paprikaschote, Zwiebel)
1 Knoblauchzehe
1 Portion Mango
Kurkuma
Senfkörner
Zimt
Kreuzkümmel
Chilipulver
Salz, Pfeffer
1 EL Bio-Apfelessig
1/2 TL gekörnte Gemüsebrühe (Glas)

Rezepte für Phase 3, Saucen & Desserts

In Phase 3 des Stoffwechselprogramms ist die Zugabe von Kokosöl zum Braten bzw. kalt gepresstem Raps- oder Olivenöl für Salate und Rohkost nicht nur wieder erlaubt, sondern sogar erwünscht, um den Körper mit Fettsäuren zu versorgen.

Für Berufstätige verlagern sich gemeinsame Mahlzeiten mit der Familie oft auf den Abend oder das Wochenende. Schnell muss es dabei gehen, es sollte nicht zu kompliziert, aber trotzdem auch gesund sein. Prinzipiell können alle Rezepte von metabolic balance® für die Familie gekocht und mit Beilagen wie Reis, Nudeln oder Kartoffeln ergänzt werden. Dieses Kapitel bietet zusätzliche Anregungen, wie Rezepte nach der strengen Phase ergänzt und für die Familie erweitert werden können. Auch köstliche Dessertvarianten kommen dabei nicht zu kurz. Obst als Grundlage, wie Mangos, Erdbeeren, Himbeeren, Aprikosen, Äpfel und Melonen, kann mit ein paar Zutaten einfach und schnell zu einem krönenden Abschluss des Mahls kombiniert werden.

Die Kohlrabi-Pommes schmecken auch Kindern gut und sind eine gute Alternative zu Kartoffel-Pommes.

Möhren-Rhabarber-Suppe

Zubereitung

1. Möhre und Sellerie waschen, schälen und in größere Stücke schneiden. Knoblauch abziehen und fein hacken.

2. Kokosöl in einem Topf erhitzen und darin die Zwiebel anbraten. Möhre, Sellerie, Knoblauch, Rosmarin und Ingwersaft dazugeben und mitbraten. Mit Brühe und Kokosmilch ablöschen und köcheln lassen.

3. Den Rhabarber waschen, putzen, in kleine Stücke schneiden und in eine Schüssel geben. Mit kochendem Wasser überbrühen, etwa 5 Minuten ziehen lassen und dann abgießen.

4. Rosmarinzweig aus dem Topf nehmen. Die Suppe pürieren, salzen und pfeffern. Rhabarber zufügen und 10 Minuten darin ziehen lassen.

5. Vor dem Verzehr den Mozzarella in Würfel schneiden und dazugeben. Mit Zitronenmelisse garnieren.

Info Mit Ingwer aufgekochtes Wasser kann man in Phase 2 als Gewürz oder als Getränk nutzen, es zählt aber nicht zur Trinkmenge.

Für 1 Portion
1 Portion Gemüse (2/3 Möhre, Knollensellerie, 1 EL gewürfelte Zwiebel, 1/3 Rhabarber)
1 Knoblauchzehe
1 EL Kokosöl
1 Rosmarinzweig
1 EL Ingwersaft
150 ml Gemüsebrühe
150 ml Kokosmilch
Salz, Pfeffer
1 Portion Mozzarella
Zitronenmelisse

Kohlrabi-Pommes mit Lende (Foto)

Zubereitung

1. Das Fleisch waschen, trockentupfen, säubern und in kleine Medaillons schneiden. Eine Pfanne erhitzen und darin die Medaillons beidseits anbraten, nicht durchbraten, pfeffern und warm stellen.

2. Kohlrabi waschen, putzen, schälen und in Stifte schneiden. In Kokosöl knusprig braten und mit Salz würzen. Zum Fleisch essen.

Tipp Gemüse-Pommes aus Möhren oder Knollensellerie machen.

Für 1 Portion
1 Portion Schweinelende
Pfeffer
1 Portion Kohlrabi
Kokosöl
Salz

Fetastrudel

Für 1 Portion

50 g Roggenmehl

Salz

1–2 EL Olivenöl

1 Portion Gemüse
(Spinat, 1 EL gewür-
felte Zwiebel)

1 Knoblauchzehe

Pfeffer

frisch geriebene
Muskatnuss

1 Portion Feta

Zubereitung

1. Mehl, Salz, Öl und Wasser nach Bedarf zu einem glatten festen Teig rühren und 10 Minuten an einem warmen Ort ruhen lassen.

2. Spinat waschen, blanchieren, abschrecken, abtropfen lassen, ausdrücken und klein schneiden. Knoblauch abziehen und fein hacken.

3. Eine Pfanne mit Öl erhitzen und darin die Zwiebel anbraten. Knoblauch und Spinat dazugeben. Mit Pfeffer und Muskatnuss würzen.

4. Den Backofen auf 175 °C (Umluft 155 °C, Gas Stufe 2) vorheizen.

5. Den Strudelteig auf einem bemehlten Küchentuch dünn ausrollen.

6. Den Käse zerkrümeln und mit dem Spinat auf dem Teig verteilen.

7. Das Küchentuch an einer Längsseite anheben und damit den Strudel aufrollen. Den Strudel auf ein mit Backpapier ausgelegtes Backblech legen. In den Backofen geben und 40 Minuten backen.

Tipp Der Strudel schmeckt auch kalt und lässt sich gut mitnehmen.

Roggennudelsalat mit Feta

Für 1 Portion

1 Portion Roggen-
nudeln (pur)

1 EL Bio-Apfelessig

Salz, Pfeffer

1 EL Öl

1 Portion Gemüse
(Paprikaschote,
Möhre, Frühlings-
zwiebel, schwarze
Oliven)

1 Portion Feta

Zubereitung

1. Die Nudeln kurz in kochendes Salzwasser geben. Abgießen und abschrecken. Mit Essig, Salz, Pfeffer und Öl würzen.

2. Das Gemüse waschen, putzen und fein schneiden. Die Oliven in Scheiben schneiden. Den Käse würfeln. Alles unter die Nudeln mischen. Den Salat durchziehen lassen.

Tipp Ideal für die Familie. In Phase 2 lässt man die Roggennudeln noch weg, dünstet das Gemüse und mischt den Käse darunter.

Linsenbolognese mit Roggennudeln

Zubereitung

1. Möhre waschen, schälen und in Würfel schneiden. Staudensellerie waschen, putzen und klein schneiden.

2. Eine Pfanne ohne Öl erhitzen und darin das Gemüse andünsten. Die Linsen zufügen und mit Brühe ablöschen. Aufkochen und etwa 15 Minuten köcheln lassen.

3. Sobald die Linsen gar sind, mit Salz, Pfeffer und Thymian würzen.

4. In einem Topf Salzwasser aufkochen und darin die Roggennudeln 3 Minuten kochen. Abgießen und zum Linsengemüse servieren.

Info Roggennudeln sind eine gute Wahl, will man Gerichte für die ganze Familie zubereiten. Sie sorgen für lange Sättigungsphasen.

Für 1 Portion
1 Portion Gemüse (Möhre, Staudensellerie, 1 EL gewürfelte rote Zwiebel)
1 Portion rote Linsen
100 ml Gemüsebrühe
Salz, Pfeffer
Thymian
1 Portion Roggennudeln

Auberginenschnitzel

Zubereitung

1. Die Aubergine waschen, putzen und quer in Scheiben schneiden. Die Auberginenscheiben salzen und etwas ziehen lassen.

2. Das Knäckebrot in einen Beutel legen und mit einem Nudelholz darüber rollen, bis daraus feines Paniermehl entstanden ist.

3. Ei(er) aufschlagen, verquirlen und mit den Gewürzen vermischen. Die Auberginenscheiben zuerst in dem Ei wenden und dann durch das Knäckebrotmehl ziehen.

4. Das Kokosöl in einer Pfanne erhitzen und darin die Auberginenscheiben ausbacken.

Tipp Schmeckt auch lecker mit Kohlrabi- oder Selleriescheiben.

Für 1 Portion
1 Portion Aubergine
Salz
1 Portion Roggenvollkornknäckebrot
1 Portion Ei
Pfeffer
Currypulver
Paprikapulver
1–2 EL Kokosöl

Rote Currypaste

Zubereitung

1. Die Chilischoten halbieren und entkernen. Das Fruchtfleisch blanchieren, herausnehmen, kalt abspülen und grob schneiden.

2. Galgant und Ingwer schälen und klein schneiden. Zitronengras waschen und klein schneiden. Knoblauch abziehen und hacken.

3. Alle Zutaten in einem Mörser zerreiben, bis eine Paste entsteht, bei Bedarf dabei portionsweise arbeiten.

Tipp Currypaste hält sich im Schraubglas bis zu 3 Wochen. Sie passt wunderbar zu asiatischen Gerichten wie die Thai-Suppe von Seite 122.

Für 30 Gramm
7 frische rote Chilischoten
2,5 cm Galgant
2 cm Ingwer
1/2 Bund Zitronengrasstängel
4 Knoblauchzehen
2 TL Kreuzkümmel
2 TL Koriander
1 TL Salz
abgeriebene Schale von 1 Limette (unbehandelt)
etwas Vanillemark
1 EL Kokosöl

Ajvar auf Vorrat (Foto)

Zubereitung

1. Den Backofen auf Grillstufe (250 °C) vorheizen.

2. Paprikaschoten waschen, halbieren und entkernen. Auf ein Backblech legen und im Backofen etwa 15 Minuten grillen, bis sich die Haut verfärbt und Blasen wirft. Aus dem Backofen nehmen und mit einem feuchten Tuch abdecken, bis sie ausgekühlt sind. Die Haut abziehen und das Fruchtfleisch etwas klein schneiden.

3. Chilischoten putzen und in Stücke schneiden. Knoblauch abziehen.

4. Paprika, Chili, Knoblauch, Essig und Gemüsebrühe pürieren.

5. In ein Schraubglas füllen, mit Öl abdecken und fest verschließen.

Tipp Ajvar hält sich 10 Tage im Kühlschrank, sofern die Oberfläche immer mit Öl bedeckt bleibt. Deshalb nach Bedaf im Laufe der Zeit noch etwas Öl eingießen, bevor man das Glas wieder verschließt.

Für 1 mittleres Glas (ca. 250 g)
3 rote Paprikaschoten
5 rote Chilischoten
1 Knoblauchzehe
3 EL Bio-Apfelessig
2 TL Gemüsebrühe
6 EL Öl

Ajvar passt bestens zu Fleisch und Gemüse, ist aber auch ein leckerer Brotaufstrich.

Gebratene Aprikosen

Für 1 Portion
1 Portion kleine,
feste, süße Aprikosen
1/4 Vanillestange
schwarzer Sesam
1 TL Kokosöl
Zitronenmelisse

Zubereitung

1. Die Aprikosen waschen, entsteinen und vierteln. Die Vanillestange längs aufschneiden und das Mark herauskratzen.

2. Eine Pfanne ohne Öl erhitzen, den Sesam unter Rühren darin anrösten und wieder herausnehmen.

3. In der Pfanne das Kokosöl erhitzen, Vanillemark dazugeben und die Aprikosen darin anbraten.

4. Aprikosen in einer Frischhaltedose oder auf einem Teller anrichten. Den Sesam darüber streuen. Mit Zitronenmelisse garnieren.

Tipp Diese Aprikosen sind auch bei Kindern sehr beliebt! Man kann sie warm oder abgekühlt essen, also auch gut mit ins Büro nehmen.

Apfelkekse

Für 1 Portion
1 süßer Apfel
75 g Möhre
75 g Sojamehl
1 TL Zimt
etwas Vanillemark

Zubereitung

1. Den Backofen auf 175 °C (Umluft 155 °C, Gas Stufe 2) vorheizen.

2. Apfel waschen, das Kerngehäuse entfernen und das Fruchtfleisch raspeln. Möhre waschen, schälen und ebenso raspeln. Apfel, Möhre, Sojamehl, Zimt und Vanillemark miteinander vermengen.

3. Aus der Masse kleine Kugeln formen und mit einer Gabel zu flachen Talern drücken. Ein Backblech mit Backpapier auslegen, die Taler darauf setzen und 10 bis 12 Minuten im heißen Backofen backen.

Tipp In Phase 3 gut zum Mitnehmen für unterwegs. Es lohnt sich, gleich mehr Kekse zu backen, da sie sich, in einer gut schließenden Metalldose aufbewahrt, mehrere Tage frisch halten.

Mandeladekekse

Zubereitung

1. Den Backofen auf 175 °C (Umluft 155 °C, Gas Stufe 2) vorheizen.
2. Die Äpfel waschen, Kerngehäuse entfernen und das Fruchtfleisch in feine Stücke schneiden. Mandeln und Sonnenblumenkerne grob hacken. Alle Zutaten miteinander vermengen.
3. Aus der Masse kleine Kugeln formen und mit einer Gabel zu flachen Talern drücken. Ein Backblech mit Backpapier auslegen, die Taler darauf setzen und etwa 35 Minuten backen.

Tipp In Phase 3 die Kekse noch in Zartbitterschokolade tunken.

Für 1 Portion
2 süße Äpfel
200 g Mandeln
100 g Sonnen-
blumenkerne
1 TL Zimt
etwas Vanillemark

Apfelringe im Schokomantel

Zubereitung

1. Den Apfel waschen, das Kerngehäuse ausstechen und das Fruchtfleisch in Ringe schneiden.
2. Die Schokolade zerkleinern, im Wasserbad schmelzen lassen und das Kokosöl einrühren. Die Apfelringe in die Schokolade eintunken.

Info Ein Wasserbad besteht aus einem mit Wasser gefüllten Topf, in dem sich ein zweites Gefäß befindet, in das die zu erwärmende Speise gegeben wird. Auf niedriger Stufe erhitzt, schmilzt die Schokolade langsam, ohne zu überhitzen Dabei ist darauf zu achten, dass kein Wasser in die Schokolade kommt, sonst klumpt sie.

Tipp Für alle, die ihren metabolischen Apfel mal anders essen möchten und dem süßen Verlangen gesund nachgeben wollen.

Für 1 Portion
1 Apfel
80 g Zartbitter-
schokolade
1/2 EL Kokosöl

Ricotta mit Mango

Für 1 Portion
1 Portion Mango
1/2 Vanillestange
1 Portion Ricotta
Zimt
2 Blätter Zitronen-
melisse

Zubereitung

1. Die Mango schälen, das Fruchtfleisch vom Stein lösen und in grobe Stücke schneiden.

2. Die Vanilleschote längs aufschneiden und das Mark herauskratzen.

3. Mango, Vanillemark, Ricotta und Zimt miteinander pürieren. Die Creme in ein Glas füllen und mit Zitronenmelisse garnieren.

Info Mangos gehören zu den vitaminreichsten Früchten. Sie enthalten besonders viel Provitamin A. Eine reife Mango erkennen Sie an ihrem süßlichen Geruch. Außerdem gibt das Fruchtfleisch auf Druck leicht nach. Bei Zimmertemperatur reifen Mangos innerhalb einer Woche nach. Im Kühlschrank können reife Früchte ein bis zwei Wochen gelagert werden.

Tipp Die metabolischen Nachtische dienen dazu, die Mahlzeiten der Familie aufzuwerten. Sie kommen alle ohne zugesetzten Zucker aus und belasten dadurch den Blutzuckerspiegel nicht extrem.

Mango mit Ziegenfrischkäse (Foto)

Für 1 Portion
1 Portion Mango
schwarzer Sesam
1 Portion Ziegen-
frischkäse

Bei Mango mit Ziegenfrischkäse bleibt man im metabolischen Gleichgewicht.

Zubereitung

1. Die Mango schälen, das Fruchtfleisch vom Stein lösen und in dünne Scheiben schneiden. Eine Pfanne erhitzen, darin die Mangoscheiben kurz anbraten und wieder herausnehmen.

2. Den Sesam in die Pfanne geben und unter Rühren kurz rösten.

3. Die Mangoscheiben auf einem Teller anrichten und mit Sesam bestreuen. Obendrauf den Ziegenfrischkäse geben.

Himbeer-Quark-Kaltschale

Für 1 Portion
1 Portion Himbeeren
1 Portion Quark
etwas gecrushtes Eis
2 Blätter Zitronen-
melisse

Zubereitung

1. Himbeeren, Quark und Eis pürieren. Bis zum Verzehr kalt stellen.

2. Das Eis mit Zitronenmelisse garnieren.

Tipp Bei Verwendung von Tiefkühlobst, z. B. Brombeeren oder Erdbeeren, kein gecrushtes Eis zufügen.

Joghurt-Himbeer-Traum

Für 1 Portion
1 Scheibe Roggen-
vollkornbrot
1/2 TL Ägyptischer
Gewürztee
1 Portion Himbeeren
1 Portion Natur-
joghurt

Zubereitung

1. Den Grill im Backofen auf Grillstufe (250 °C) vorheizen.

2. Die Brotscheibe zerkrümeln, auf ein Backblech legen und im heißen Backofen unter dem Grill rösten.

3. Tee in einem Mörser zerreiben und auf die Brotkrümel streuen.

4. Himbeeren verlesen. In ein hohes Glas abwechselnd Brotkrümel,
Himbeeren und Joghurt schichten. Mit Joghurt aufhören und mit
einer Himbeere garnieren.

Aprikosenfrappé

Für 1 Portion
1 Portion
reife Aprikosen
1 Portion Milch

Zubereitung

1. Die Aprikosen waschen, halbieren, entkernen und das Fruchtfleisch kurz ins Gefrierfach geben.

2. Die gefrorenen Aprikosen mit der Milch mixen.

Tipp Unwiderstehlich auch mit Erdbeeren, Himbeeren oder Mango.

Melonensorbet

Für 1 Portion
1 Portion süße Melone
2 Blätter Zitronenmelisse

Zubereitung

1. Die Melone schälen, klein schneiden und kurz einfrieren.
2. Die angefrorene Melone pürieren und in ein gekühltes Schälchen füllen. Mit Zitronenmelisse garnieren.

Tipp In Phase 3 das Melonensorbet mit Kokosmilch verfeinern.

Mangoeis

Für 1 Portion
1 Portion reife, weiche Mango
2 EL Kokosmilch

Zubereitung

1. Die Mango schälen, das Fruchtfleisch vom Stein lösen, in kleine Stücke schneiden und etwa 10 Minuten einfrieren.
2. Das angefrorene Obst mit etwas Kokosmilch pürieren.

Tipp Dem Eis eine andere Note geben, indem man die Kokosmilch mit Chili oder Ingwer aufkocht oder rosa Pfeffer dazugibt.

Joghurteis mit Obst

Für 1 Portion
1 Nektarine (oder anderes Obst)
1 Portion Naturjoghurt
2 Blätter Zitronenmelisse

Zubereitung

1. Die Nektarine schälen, das Fruchtfleisch vom Stein lösen, in kleine Stücke schneiden und etwa 10 Minuten einfrieren.
2. Das angefrorene Obst mit einem Mixer pürieren. Den Joghurt untermischen und mit Zitronenmelisse garnieren.

Info Sorbets und Eis lassen sich nur bei guter Kühlung mitnehmen.

Rezeptregister

Zutatenregister

Bereits im Südwest Verlag erschienen:

ISBN 978-3-517-06955-5

ISBN 978-3-517-06993-7

ISBN 978-3-517-08277-6

ISBN 978-3-517-08411-4

ISBN 978-3-517-08562-3

ISBN 978-3-517-08412-1

ISBN 978-3-517-08450-3

ISBN 978-3-517-08499-2

ISBN 978-3-517-08500-9

ISBN 978-3-517-08564-7

ISBN 978-3-517-08500-5

ISBN 978-3-517-08517-3

Mein Ratgeberportal – villavitalia.de

Hinweis

Redaktionsleitung
Susanne Kirstein

Projektleitung
Sonia Gembus

Redaktion
Dr. Ute Paul-Prößler

Gesamtproducing
v*büro –
Jan-Dirk Hansen

Bildredaktion
Sabine Kestler

Korrektorat
Susanne Langer

Umschlag
R.M.E. Eschlbeck/
Kreutzer/Botzenhardt

Reproduktion
Artilitho, Lavis (Trento)

Druck und Bindung
Alcione, Lavis (Trento)

Printed in Italy

ISBN 978–3–517–08663-7
817 2635 4453 6271

Die Ratschläge in diesem Buch sind von Autoren und Verlag sorgfältig erwogen und geprüft; dennoch kann eine Garantie nicht übernommen werden. Eine Haftung der Autoren bzw. des Verlags und dessen Beauftragten für Personen-, Sach- und Vermögensschäden ist ausgeschlossen.

Impressum

© 2011 by Südwest Verlag, einem Unternehmen der Verlagsgruppe Random House GmbH, 81673 München

Bildnachweis

Fotografie: Klaus Arras, Köln

Mit Ausnahme von:
Archiv lizenzfreie Bilder: 17 (photodisc); Archiv Südwest Verlag: U1 (Jan-Dirk Hansen), 13, 25 (Maike Jessen), 19 (Michael Nagy), 45 (Michael Holz); F1online, Frankfurt: 2, 27 (Ojo Images/RF), 4 (Cultura Images/RF); Jump, Hamburg: 9 (K. Vey)

FSC
www.fsc.org
MIX
Papier aus verantwortungsvollen Quellen
FSC® C021956

Verlagsgruppe Random House
FSC-DEU-0100

Das für diesen Titel verwendete FSC®-zertifizierte Papier *Prestobulk* wurde produziert von Sappi Biberist.